39961

VADE MÉCUM

DU

PHOTOGRAPHE

VADE MECUM

DU

PHOTOGRAPHE

NOTICE ABRÉGÉE

DU DAGUERRÉOTYPE ET DE LA PHOTOGRAPHIE SUR PAPIER

AVEC UN RÉPERTOIRE DE CHIMIE ET PHYSIQUE

ET UN FORMULAIRE

PAR

MARC-ANTOINE GAUDIN

Calculateur du Bureau des Longitudes, rédacteur en chef de la Lumière

---

PARIS

IMPRIMERIE POITEVIN

RUE DAMIETTE, 2

—

1864

Le petit livre que je publie, sous le titre de *Vade Mecum du Photographe*, était depuis longtemps dans ma pensée. En effet, il manquait un traité d'un petit format, facile à porter avec soi, contenant tout ce qui est essentiel à connaître pour opérer en tout genre : chimie photographique, manipulations, préparation des produits les plus usités, daguerréotype, photographie sur albumine, sur collodion, sur papier, sur toile cirée, sur pâte céramique.

Pour écrire ce livre, j'ai mis à profit les enseignements que m'a suggérés une longue pratique; il m'a contraint de faire une multitude d'essais pour éclairer des points douteux.

Afin de justifier le titre que j'ai adopté, il m'a fallu aussi m'imposer partout une grande concision et me borner au plus essentiel.

L'avenir me dira si mon idée était bonne, et si j'ai su la réaliser.

TABLE DES ÉQUIVALENTS

UTILES A CONNAITRE POUR LES PHOTHOGRAPHES

Corps simples.		Corps composés.	
Iode	15 86	Iodure d'argent	29 37
Argent	13 51	Iodure de plomb	28 80
Plomb	12 94	Iodure de cadminm	22 83
Mercure	12 50	Iodure de potassium	20 75
Platine	12 32	Iodure de zinc	19 92
Or	12 28	Iodure d'ammonium	18 09
Brome	10 00	Bromure d'argent	23 51
Barium	8 56	Chlorure d'argent	17 94
Cadmium	6 97	Chlorure d'or	37 85
Potassium	4 89	Chlorure de sodium	7 30
Chlore	4 43	Acide sulfurique	6 13
Zinc	4 06	Acide azotique	7 87
Cuivre	3 96	Acide chlorhydrique	4 55
Fer	3 50	Acide acétique	7 53
Sodium	2 87	Sulfate de fer	17 27
Calcium	2 56	Azotate de plomb	20 71
Fluor	2 35	Acétate de plomb	23 75
Soufre	2 00	Carbonate de soude	17 98
Azote	1 75	Acétate de soude	17 11
Oxygène	1 00		
Hydrogène	0 12		

HISTORIQUE

Il y a trente ans, les chemins de fer, la télégraphie électrique et la photographie, ces trois inventions capitales du siècle empruntées à la chaleur, à l'électricité et à la lumière, n'avaient pas encore paru ; nous en jouissons pleinement aujourd'hui, ne sachant laquelle de ces inventions admirer le plus.

Pour ma part, j'ai cultivé avec ardeur la photographie, et avant d'en exposer les procédés, je vais rapidement en tracer l'historique.

Antérieurement à la découverte de la photographie, le rôle de la lumière était déjà bien étendu ; c'est elle qui vivifie le monde ; elle est l'âme de la végétation, sans laquelle la nutrition des animaux ne pourrait se faire. En montrant le relief des corps, elle les relie entre eux de la façon la plus évidente, puisque voir un

objet est pour nous la preuve la plus réelle de son existence.

L'activité chimique des rayons lumineux a de tout temps été remarquée. Les couleurs les plus solides appliquées sur les tissus pâlissent à la lumière; on disait alors que la lumière mangeait les couleurs; on dit même qu'elle mange les pierres, parce que les façades des édifices exposés au midi sont altérées plus rapidement que celles que n'éclaire pas le soleil; et l'on dit même que c'est la lune qui est cause du dommage.

En dehors des couleurs en couches minces et des pierres accusant l'effet destructif des rayons lumineux, aussi lent que problématique, on put heureusement constater des phénomènes instantanés et causés uniquement par la lumière solaire. Les composés d'argent eurent ce privilége, et parmi eux surtout le chlorure d'argent, que la moindre coloration tranchant sur sa blancheur native rendait tout à fait propre à attirer l'attention. Il ne pouvait se former dans les laboratoires sans que le phénomène de coloration par la lumière fût remarqué, la surface du dépôt étant devenue noire quand le centre était encore intact.

Les sels d'argent en solution versés sur du papier formaient avec le temps des taches brunes qui apparaissaient en un clin d'œil à la clarté du soleil. Cependant, malgré les tentatives de quelques physiciens ingénieux, cette précieuse faculté était restée stérile,

antérieurement aux recherches persévérantes des créateurs de la photographie actuelle. Je dis recherches persévérantes, parce que ces inventeurs ne se sont pas contentés de faire quelques essais en passant comme leur devanciers; ils y ont consacré chacun plus de dix ans : en effet, Nicéphore Niepce a commencé en 1814 et s'est associé en 1829 à Daguerre, travaillant déjà de son côté, et qui, jusqu'en 1839, époque de la publication de leurs procédés réunis, compléta presque seul la découverte.

En 1827, Niepce avait exposé son invention devant la Société royale de Londres, et initié sans doute ainsi M. Talbot à cet art nouveau.

Ainsi les inventeurs français ont consacré chacun dix années à leurs recherches, et leurs efforts réunis ont enfin créé la photographie.

Niepce ne paraît pas s'être occupé jamais des composés argentifères; il se servait dans le principe de planches d'étain, et si plus tard il leur a substitué le doublé d'argent, c'était uniquement pour obtenir une surface d'un plus beau poli.

Il avait pris sa substance photogénique dans la classe des corps résineux, et fixé son attention sur le bitume de Judée, après avoir reconnu que l'action continue de la lumière le rendait insoluble dans son dissolvant ordinaire. Cet enduit, susceptible d'être placé par des procédés perfectionnés sur un support quelconque,

est une invention capitale qui a reçu déjà et recevra de jour en jour un grand nombre d'applications inattendues.

En raison de la faible sensibilité de sa substance photogénique, Niepce se borna d'abord à faire agir la lumière directe du soleil en copiant des dessins sur papier, et réussit ainsi à former des planches gravées susceptibles d'un certain tirage; et c'était la raison pour laquelle il opérait sur planches métalliques.

Il fit aussi, non sans succès, quelques tentatives pour reproduire les images de la chambre obscure, et cela est prouvé par l'emploi de l'iode pour noircir le fond de ses images; car ce noircissement n'avait aucune signification dans le cas où sa planche n'eût représenté que la contre-épreuve d'une gravure.

Aussi l'emploi du doublé d'argent comme support avec l'iode pour le noircir, se trouvent réunis par le plus pur hasard dans les mains de Daguerre, pour en faire surgir, par l'adjonction du mercure, un procédé complet qui a donné aux images de la chambre noire une perfection que rien n'a surpassé, depuis vingt ans que le monde entier travaille à mieux faire.

Lequel des deux inventeurs a découvert la faculté photogénique secrète de la lame infiniment mince que la vapeur de l'iode forme à la surface de l'argent poli? Cela n'a pas été dit : selon toute probabilité, c'est Daguerre, et avec son habitude de développer ses images

à l'aide de corps mis en vapeur, il aura essayé le mercure, seul corps métallique facilement vaporisable.

L'image ayant paru une première fois, le pouvoir dissolvant déjà connu de l'hyposulfite, pour les iodure, chlorure et bromure d'argent, aura aussitôt complété son procédé.

Peu après la publication du procédé de Daguerre, on s'occupa de le perfectionner, d'abord en donnant à l'argent le poli le plus parfait, et puis en cherchant à diminuer la durée de l'impressionnement en faisant succéder l'action du brome et du chlore à celle de l'iode. MM. Claudet, Fizeau et Foucault nous permirent de réduire les minutes de la pose à autant de secondes, et de ce moment on put prendre des portraits à la lumière diffuse.

Tandis que le daguerréotype arrivait à sa perfection, le procédé sur papier commençait à se produire. En se servant de la chambre obscure pour reproduire un objet quelconque, les clairs étaient représentés par des noirs, et, réciproquement, les ombres par des clairs; c'était alors une grande difficulté à vaincre, et toutes les tentatives avaient pour but de représenter immédiatement les images avec leur dessin naturel. On y réussit en noircissant à la lumière directe un papier couvert d'un enduit photogénique, et en exposant ensuite au foyer de la chambre obscure ce papier imbibé d'une solution d'iodure de potassium, qui possède la

propriété de transformer sous l'action de la lumière, en iodure d'argent soluble, les composés d'argent noircis d'avance. En dissolvant postérieurement avec l'hyposulfite ou le cyanure l'iodure ainsi formé, l'image apparaissait dans son état naturel.

Même en employant ce procédé très-compliqué, que M. Bayard sut seul pratiquer avec succès à la faveur de sa longue expérience, on ne pouvait reproduire ces images, pas plus que celles obtenues sur argent.

Les images à ombres transposées furent nommées images *négatives*, et les images avec ombres dans leur sens naturel furent nommées images *positives*. Les images négatives furent d'abord regardées comme une curiosité, tant on était loin de soupçonner leur emploi futur, qui est devenu la base principale de la photographie.

M. Talbot eut l'idée lumineuse de faire servir les épreuves négatives à la production indéfinie des épreuves positives, en appliquant l'épreuve négative sur un papier photogénique susceptible de donner, sous l'action de la lumière, une nouvelle image négative qui, étant inverse, quant aux ombres, de l'épreuve type, devenait une épreuve positive dans toute l'acception du mot.

Au moyen de cette invention aussi simple qu'ingénieuse, la photographie sur papier prit un grand essor. Le daguerréotype, impropre à la reproduction, se dis-

tinguait par sa finesse accomplie, tandis que la photograpie sur papier, dessinée à plus larges traits, possédait de son côté la faculté de se reproduire à l'infini.

Aux négatifs sur papier ordinaire ont succédé bientôt les négatifs sur papier rendu translucide par un vernis, la cire ou autres corps gras qui faisaient disparaître le grain du papier.

M. Niepce de Saint-Victor eut alors l'heureuse idée de substituer le verre au papier ciré, et pour vaincre la difficulté qui se présentait pour faire adhérer le composé photogénique à cette surface polie, il imagina d'abord de poser sur sa glace un simulacre du papier translucide qu'il voulait remplacer, en couvrant le verre d'une pellicule d'empois renfermant un iodure qui était soumis à l'action du bain d'argent comme les papiers iodurés.

Il réussit assez bien pour chercher à perfectionner ce procédé : il ne tarda pas en effet à reconnaître que l'albumine des œufs, susceptible de se coaguler par la chaleur et une foule de liquides, et en outre d'adhérer fortement au verre en couches aussi minces que l'on voudrait, était tout à fait propre à remplir l'objet.

En effet, l'albumine iodurée, posée sur glace, passée au bain d'argent, soumise à la chambre obscure et transformée en image négative, a hérité des finesses du daguerréotype, tout en formant un type de la plus grande solidité, propre à se reproduire indéfiniment en

images positives suivant le procédé de **M. Talbot**.

Malgré ses perfections, l'albumine présentait un grand nombre de défauts : elle est longue à préparer, elle ne peut se conserver longtemps, elle est difficile à poser, très-longue à sécher, très-longue à s'impressionner, très-longue à se développer; tout cela exigeait un remplaçant exempt de tous ces inconvénients.

Tel est aujourd'hui le rôle du collodion qui est acheté tout prêt à servir, qui s'étale avec une facilité incomparable sur la glace, sèche aussitôt, possède une grande sensibilité et développe son image à vue d'œil.

Aujourd'hui donc, le collodion sur verre est la base de tous les négatifs que l'on tire sur papier, que l'on transporte sur toile cirée, sur papier végétal, sur émail, sur porcelaine; donnant aussi à volonté des épreuves positives directes qui ne le cèdent en rien à la perfection du daguerréotype.

Par son secours, les épreuves pour stéréoscope et les portraits se multiplient à l'infini, et pour ne rien laisser à l'albumine, nous arrivons à l'employer comme celle-ci à l'état sec sans nuire à sa sensibilité.

Enfin, chaque jour, on découvre de nouveaux moyens pour l'obtention des positifs sur papier, sans employer les sels d'argent, si bien qu'on ne désespère pas de pouvoir bientôt observer les négatifs eux-mêmes par des procédés analogues.

Dans cet historique rapide, je ne puis qu'indiquer en

passant les progrès qu'a faits la gravure héliographique et les reports sur pierre lithographique; la perfection de la photographie réside dans le succès complet de ces deux applications, qui donneront alors des épreuves indélébiles à bon marché. Le problème fût-il résolu, la photographie actuelle ne perdrait rien de son charme, et fournirait encore pour une multitude de personnes l'occupation la plus attrayante des temps modernes.

DAGUERRÉOTYPE

On a donné le nom de daguerréotype au procédé de Daguerre, qui a été divulgué dans une séance de l'Académie des science du mois d'août 1839.

Cette publication, depuis longtemps annoncée, qui avait été précédée de l'exhibition d'épreuves de la plus grande beauté, représentant les objets naturels dans leurs moindres détails, produisit une grande sensation et inaugura tout à coup un art nouveau.

Ce procédé, établi sur les réactions les plus simples, donnait en effet des images où le dessin était rendu avec une perfection idéale défiant la main la plus habile, et il était déjà si complet, que chacun a dû s'étonner qu'il fût l'œuvre d'un seul homme.

Une feuille d'argent plaquée sur cuivre, ayant été polie le mieux possible, est soumise aux émanations de l'iode, qui, en se combinant avec l'argent, couvre sa surface d'une pellicule infiniment mince, d'un jaune d'or, qui est la couche photogénique placée au foyer de la chambre obscure ; l'effet de la lumière a lieu, mais l'œil le plus exercé ne saurait en découvrir la trace : la

couche paraît intacte. En soumettant la plaque impressionnée à la vapeur du mercure, l'image paraît comme par enchantement, et l'on peut s'assurer que le moindre objet qui a envoyé sa lumière à l'objectif s'y trouve dessiné dans ses moindres détails. Enfin, la plaque, après avoir été lavée dans une solution d'hyposulfite de soude qui dissout la couche d'iodure non impressionné, laisse un miroir d'argent sur lequel est déposé un enduit d'une délicatesse extrême ; c'est l'image parfaite de tout les objets naturels compris dans le champ visuel de l'objectif.

Ces opérations en petit nombre, qui ont subi quelques additions depuis lors, forment l'objet des chapitres suivants.

Chambre obscure.

Cet appareil se compose d'un objectif achromatique qui concentre ses rayons à travers une capacité rectangulaire sur un écran placé en arrière. Cette capacité rectangulaire est formée de deux parties s'emboîtant l'une dans l'autre à frottement doux, l'une faisant corps avec l'objectif, et l'autre, pouvant se rapprocher plus ou moins de l'objectif, porte une rainure propre à recevoir soit une glace dépolie pour mettre l'image au point, soit la plaque préparée qu'on doit substituer à la glace dépolie.

En avant de l'objectif, on fixe un écran en drap doublé qui est destiné à démasquer l'objectif, et à régler l'accès de la lumière dans les meilleures conditions.

Pour tous les objectifs, le diaphragme destiné à réduire à volonté le faisceau lumineux doit être placé en avant de l'objectif et presque à le toucher, de manière à ne faire servir autant que possible que le centre de cet objectif; le diaphragme étant éloigné de l'objectif sans augmenter en rien la somme des rayons lumineux, donne une image moins nette, puisque tout l'objectif y concourt, et l'on sait que le foyer n'est pas le même pour ses bords que pour son centre.

Le diaphragme mobile est destiné à masquer le ciel et les lointains, de manière à obtenir sur les épreuves leur valeur vraie relative, qui exige cinq ou six fois moins de temps pour les produire... Ainsi, pour un paysage qui exigera vingt-cinq secondes en tout, on laissera l'objectif complétement découvert pendant quatre secondes, et aussitôt on abaissera l'écran au niveau de l'horizon, et on le balancera dans cette situation pendant les vingt et une secondes restant; c'est le seul moyen d'obtenir un ciel harmonieux et des lointains purs.

En avant de l'objectif, il faut un prolongement cylindrique noirci, dont la longueur soit telle que l'angle compris par deux lignes tirées des bords du diaphragme

aux bords de ce cylindre, et se croisant en avant, forment un angle égal à celui que comprend l'image dans sa plus grande étendue.

Pour les objectifs doubles, c'est autre chose. On doit les employer tels qu'ils sont construits, et, comme ils ne donnent de netteté que pour un seul plan, il faudra, en en mettant un au point, tenir compte de la correction du foyer chimique, ce qui n'existe pas pour des verres simples, qui donnent la même netteté pour des plans assez distancés les uns des autres.

Polissage des Plaques

Les plaques qui servent au daguerréotype sont en doublé d'argent. Pour leur donner la planimétrie et la rigidité nécessaires pour cet usage, on est obligé, après le laminage, de les battre au marteau. Ce travail qui, par la multiplication des coups, représente en somme une pression considérable de beaucoup supérieure à l'effet d'un balancier, s'il s'agit d'une plaque normale, produit l'écrouissage de la plaque. Ce planage, quelque soin qu'on y apporte, rend la surface du plaqué très-impure; c'est pourquoi il est nécessaire de nettoyer à fond les plaques neuves, malgré l'apparence trompeuse de leur brillant.

Ce premier nettoyage doit être fait à l'huile avec du tripoli, au moyen d'un tampon de coton, d'abord en

rond, pour croiser les traits et égaliser le travail, puis en travers pour finir. Ce premier travail est fini quand le tampon se trouve garni d'une pellicule grise semi-métallique, qui est de l'argent divisé arraché à la plaque. On assèche l'huile avec un nouveau tampon de coton, et l'on finit avec un troisième tampon après avoir de nouveau couvert la plaque de tripoli au moyen d'un nouet de mousseline qui le contient. Ce premier travail à l'huile est une bonne chose pour les plaques neuves et, à plus forte raison, pour les plaques fixées qui sont enduites d'une couche d'or; et pour celles-ci le tripoli est trop doux, c'est la *potée d'émeri* qu'il faut employer, en insistant beaucoup sur le travail, en rond promené partout et principalement vers les bords que l'on aurait tendance à négliger.

Les épreuves volantes, c'est-à-dire non fixées au sel dor, n'ont pas besoin d'être frottées à l'huile; on se contente de les travailler avec du tripoli imbibé d'eau et additionné d'esprit de vin et d'une faible quantité d'acide azotique. On se sert de ce nouveau liquide, comme on s'est servi d'huile, et ce nouveau travail s'applique à toutes les plaques : il enlève le gras aux plaques passées à l'huile et les traces de l'image aux épreuves volantes.

Autrefois, on se contentait, pour donner le dernier poli, de finir après le tripoli avec un tampon enduit de rouge en frottant en travers; cela suffira pour les

personnes qui auront peu d'épreuves à faire. Il est plus expéditif, et le poli est plus parfait, de finir avec un rabot couvert de velours et garni de rouge d'une façon presque imperceptible, ce qui se pratique en étalant une pincée de ce rouge à polir sur toute sa surface, avec un tampon de flanelle roulé sur elle-même, qui ne sert qu'à cela.

Quand la plaque a passé par toutes ces phases, elle est prête à subir l'action de l'iode. En soufflant à sa surface, tandis qu'on lui fait refléter un endroit sombre, l'haleine condensée doit s'évaporer en laissant voir des nuances irisées, fugitives, mais sans *inégalité :* autrement le polissage ne serait pas satisfaisant, et il serait certain que l'image antérieure, soit volante, soit fixée, a laissé sa trace, qui ne manquerait pas d'apparaître et de se mêler à la nouvelle épreuve.

Iodage.

La plaque ayant été fixée sur sa planchette, est placée dans la boîte à iode, qui se compose, en général, d'une petite caisse en bois dont le fonds est garni d'iode en grain recouvert de coton cardé ou d'une lame de molleton. Dans le principe, on se contentait de cette seule opération, et quand la plaque avait pris une nuance d'un jaune d'or pur, elle était prête à placer dans la chambre obscure.

Substances accélératrices.

L'argent ainsi couvert d'une couche d'iodure est très-lent à s'impressionner ; le perfectionnement le plus urgent consistait donc à augmenter la sensibilité. On y réussit bientôt au delà de toute espérance, par un procédé des plus simples qui consiste à faire succéder l'action du brome à celle de l'iode. Par ce moyen, la sensibilité fut je ne dirai pas doublée, ni décuplée, mais pour ainsi dire centuplée ; ou plus exactement, on put substituer les secondes aux minutes. Cette sensibilité excessive résultait de la formation d'un bromoiodure d'argent, et si, à la rigueur, l'emploi de l'eau bromée est peut-être ce qu'il y a de plus parfait, la difficulté de régler son emploi, en raison de la variation de la température, jointe à l'impossibilité d'en apercevoir l'effet sur la plaque, rendaient ce procédé difficile à pratiquer. Si bien que, pour ma part, ayant opéré sans relâche pendant plusieurs années, j'ai fait choix du bromure d'iode, qui permet d'arriver à la sensibilité maximum avec une plus grande certitude.

Forcé de me restreindre dans l'indication des méthodes pour ne pas sortir du cadre de mon livre, je me bornerai donc à indiquer la préparation et l'emploi du bromure d'iode qui, je le répète, épargne du temps et procure à coup sûr une excessive sensibilité.

Préparation du bromure d'iode.

Dans un flacon d'un litre, aux deux tiers plein d'eau, on introduit 100 grammes d'iode et 50 grammes de brome environ : je dis environ, à cause de la difficulté de le peser et du peu d'importance qu'il y a à employer un poids précis. En cas de presse, on agitera le liquide très-peu en commençant, et de plus en plus fort à mesure que la combinaison se fera ; sinon on laissera réagir pendant 24 heures, en se bornant à retourner de temps en temps le flacon pour opérer le mélange.

Tant que le brome n'est pas combiné, on aperçoit sa vapeur couleur chamois au-dessus du liquide, qui se colore en rouge de plus en plus intense : quand la vapeur de brome cesse de se montrer, soit après une agitation soutenue, soit après une réaction lente, cela signifie que la combinaison s'est effectuée, et il faut se hâter de transvaser le liquide rouge pour éviter qu'il ne prenne de l'iode en excès, ce qui nuirait à sa sensibilité. En ajoutant de l'alcool à l'eau, la réaction est bien plus rapide, mais le bromure s'acidifie en peu de temps aux dépens de la sensibilité.

Pour employer ce bromure, on en verse dans une cuvette en porcelaine de la grandeur de la plaque une couche de 2 millimètres d'épaisseur, et on y ajoute

4 ou 5 fois son volume d'eau, de manière à produire un mélange couleur safran.

Pour l'emploi convenable de ce bromure d'iode, la plaque doit préalablement avoir été iodée aussi légèrement que possible, couleur jaune paille au reflet d'un papier blanc bien éclairé; et le bromure devra faire passer la couleur au jaune intense tirant sur le rose, toujours au reflet du papier blanc bien éclairé.

Il ne faut pas craindre d'examiner la plaque au reflet du papier blanc, pourvu qu'après la dernière inspection on remette la plaque sur le bromure quelques secondes, pour la porter sans la regarder dans la chambre obscure, car il a été démontré que l'iode et le brome détruisent avec la plus grande facilité l'impression lumineuse; et si quelquefois il arrivait qu'on suspectât une impression lumineuse prise à la chambre obscure d'être fautive, on pourrait l'annuler avec certitude et recommencer la pose, après avoir de nouveau placé la plaque pendant quelques secondes sur la cuvette de bromure d'iode.

La plaque ainsi préparée peut se conserver dans l'obscurité, sans s'altérer, plusieurs heures et même plusieurs jours, si elle se trouve exempte de piqûres, qui ont l'inconvénient de réagir. Avec le temps, il se forme à l'entour une auréole qui fait tache sur les épreuves.

Mise au point.

Avant de placer la plaque dans la chambre obscure, on met au point, en observant de tenir compte de la correction du foyer chimique, si l'on fait usage d'un objectif à verres combinés.

Je recommande bien de clore l'objectif par un écran flexible en drap doublé; c'est un moyen très-expéditif pour démasquer et masquer l'objectif, et le seul qui existe pour rendre les ciels avec leur valeur et faire venir les habits autant que la tête, en compensant le manque de lumière qui existe toujours vers les bords de la plaque, défaut qui va toujours croissant à partir du centre de la plaque.

Quant à donner des règles pour établir la durée de l'impressionnement, c'est impossible, puisque le temps voulu dépend à la fois de la longueur du foyer, de la grandeur du diaphragme, de l'intensité de la lumière et de la sensibilité de la plaque, toutes choses variables que l'opérateur parvient à déterminer par la pratique.

Passage au mercure.

La vapeur du mercure a la propriété de former l'image qui est d'abord complétement invisible. Le

mercure se combine à l'iodure d'argent partout où la lumière a agi ; il se forme en ces points un iodure ou bromo-iodure double d'argent et de mercure, et non pas un amalgame d'argent et de mercure, comme on l'a prétendu ; car cette image, transportée par la pression sur une toile cirée, m'a paru inattaquable à l'acide azotique concentré.

L'application de la vapeur de mercure se fait dans une boîte appropriée à cet usage; il importe que le côté qui sert à éclairer l'image à l'aide d'une bougie soit garni d'un verre jaune orangé; sans cela on ne saurait obtenir de beaux noirs.

La vapeur d'eau est plutôt favorable que contraire à cette opération; j'ai presque toujours opéré avec un petit flacon plein d'eau dans ma boîte à mercure; il se formait en commençant une buée qui ne tardait pas à se dissiper et à faire place à une image très-fine, formée par la vapeur mercurielle. On ne doit donc tenir aucun compte de l'opinion des auteurs qui recommandent d'éviter toute cause d'humidité.

Quand la buée se porte sur l'objectif, on comprend que les effets optiques sont paralysés d'une façon radicale; mais, pour les réactions chimiques, l'eau est presque toujours indispensable.

Si la cuvette est munie d'un thermomètre, on pourra le consulter et la porter d'abord à 50°, et quand l'image aura paru, on le montera à 70 degrés, en ayant

soin de laisser très-peu de temps l'épreuve soumise à cette température élevée. J'ai presque toujours travaillé sans thermomètre, appréciant la température au toucher et observant le travail. En général, il faut finir par un coup de feu, si l'on veut obtenir de beaux tons, et retirer la plaque presque aussitôt que l'effet est produit, pour éviter de cendrer les noirs.

Usage des verres colorés.

Le verre jaune orangé et le verre rouge, que traverse la lumière directe du soleil, continuent l'impression reçue à la chambre obscure, sans agir sur les noirs, quand on opère sur une plaque qui n'a été soumise qu'à la vapeur de l'iode, et l'on peut même obtenir une épreuve complète sans mercure si la pose à la chambre obscure a duré trois fois autant que pour obtenir une épreuve au mercure.

Pour cela, il faut placer la plaque, au sortir de la chambre obscure, dans une boîte couverte d'un verre jaune orangé et poser la boîte perpendiculairement aux rayons solaires.

Si le temps de pose a duré assez longtemps, au bout de cinq minutes on voit l'image paraître, se renforcer de plus en plus et finir par se compléter.

Les épreuves ainsi obtenues sont d'un ton plus froid, mais leur fini est indicible.

Ces verres ne peuvent servir pour les plaques qui ont été soumises aux substances accélératrices. Les rayons jaune et rouge attaquent eux-mêmes la couche photogénique non impressionnée à la chambre obscure, et il en résulte un voile général qui ne laisse voir aucune image.

Lavage à l'hyposulfite.

Les épreuves, au sortir de la chambre obscure, peuvent se conserver sans être fixées immédiatement à l'hyposulfite, et on peut les examiner à la lumière diffuse sans leur nuire, ce qui semble prouver que le mercure a agi aussi sur les noirs, mais sans diminuer sensiblement la solubilité dans l'hyposulfite de l'iodure non impressionné.

Après avoir essuyé la plaque près des bords et sur le revers pour écarter les globules de mercure qui pourraient y adhérer et former des taches, on projette la plaque d'un seul coup dans une bassine contenant de l'hyposulfite concentré. Quand la teinte jaune de la plaque a disparu, on la lave sous un filet d'eau fourni par un robinet, en la tenant par un angle avec une pince ou un porte-plaque.

Fixation au chlorure d'or.

Après ce lavage, on peut assécher la plaque en la chauffant par-dessous par une lampe à esprit de vin et la tenant inclinée en commençant par l'angle supérieur, continuant vivement le feu sans temps d'arrêt, et soufflant pour activer l'évaporation. En procédant ainsi, on réussit toujours à sécher les plaques sans y produire de taches avec l'eau ordinaire peu chargée de sels, comme l'eau de Paris. Cette eau laisse certainement un dépôt; mais il forme un glacis qui donne à l'épreuve un certain ton. Certaines eaux, cependant, ne réussissent pas ainsi, et forcent à recourir à l'eau distillée.

Il vaut toujours mieux, si l'épreuve doit être fixée au sel d'or, procéder à cette opération sans assécher la plaque.

Après l'avoir laissée égoutter quelque temps, on la place de niveau sur un support à vis calantes; puis on couvre sa surface de la solution du sel d'or. On chauffe alors la plaque par-dessous avec une lampe d'esprit de vin à plusieurs mèches, d'un peu loin en commençant et égalisant surtout l'application de la flamme : l'effet se montre bientôt, et, avant que l'ébullition se produise, l'opération est terminée. Eviter les coups de feu, qui déterminent quelquefois le départ de l'épreuve en pellicules.

Le sel d'or se vend tout prêt à servir; on l'emploie à la dose d'un gramme pour un litre d'eau ordinaire.

Si l'on préférait préparer soi-même du chlorure d'or propre au même usage, il faudrait, d'après les prescriptions de M. Fizeau, son inventeur, dissoudre d'une part un gramme de chlorure d'or dans un demi-litre d'eau, et trois grammes d'hyposulfite de soude dans la même quantité d'eau, puis verser la dissolution d'or dans celle de soude, peu à peu et en agitant; la liqueur mixte, d'abord tintée en jaune, ne tarde pas à devenir limpide en raison de la réaction, qui produit un hyposulfite double de soude et d'or, qui est le sel de Forclos et Gelis, que ces chimistes ont trouvé moyen de séparer du sel marin produit pendant la réaction du chlorure d'or sur l'hyposulfite et de faire cristalliser à part.

Après le fixage, l'épreuve est lavée à grande eau et asséchée comme il a été dit.

Il ne reste plus qu'à la placer sous verre dans un cadre. La seule précaution essentielle à prendre est d'intercepter complétement l'accès de l'air, en joignant les bords de la plaque avec le cadre par du papier collé à la gomme ou à la colle-pâte; sans cela, avec le temps, l'épreuve serait noircie par les émanations sulfureuses et finirait par disparaître.

Dans ce cas, on pourrait la rétablir dans tout son éclat, en la passant dans une solution de cyanure de

potassium. Cette même solution pourrait servir aussi bien que celle d'hyposulfite de soude, mais le prix moins élevé de ce dernier sel et son inocuité le rendent préférable.

En dernier lieu, on a employé des cuvettes à coulisse à double compartiment, permettant de passer la plaque de l'iode au chloro-bromure de chaux et réciproquement, autant de fois qu'on le jugeait nécessaire. On avait des outils pour ployer avec précision les plaques sur les bords.

En raison de la grande supériorité acquise à la photographie sur papier, le daguerréotype, entaché de miroitage et impropre à se reproduire, ne peut plus figurer que pour mémoire.

Il faudrait, pour le faire revivre un peu, trouver un procédé pour donner un noir mat aux épreuves, sans nuire aux finesses; dans ce cas, avec un miroir à redresser, le portrait retrouverait ses avantages; mais, d'ici là, qui sait à quel degré de perfection sera arrivée, de son côté, la photographie sur papier?

ALBUMINE

L'albumine est une matière d'une grande utilité en photographie, son emploi exige beaucoup de soins, mais on en est bien dédommagé par la perfection des produits et leur solidité à toute épreuve. Son peu de sensibilité force de restreindre son emploi à la préparation des négatifs de petite dimension, principalement pour stéréoscope, et le tirage des positifs par transparence.

On se sert généralement de l'albumine des œufs, qui sont choisis frais pour pouvoir séparer plus facilement le jaune : pour cela, on casse séparément chaque œuf dans une tasse à part, et quand son blanc est bien séparé on le réunit aux autres ; il est inutile de rien séparer des blancs, la partie solide du germe résiste au battage, mais la partie filamenteuse se dissémine et contribue à donner de la solidité à l'albumine.

Pour augmenter la porosité de l'albumine et diminuer sa tendance à se fendiller quand elle est sèche, M. Niepce de St-Victor, inventeur du procédé, prescrit d'ajouter un dixième environ de miel pour 50 blancs d'œufs, on ajoute aussi autant de grammes

d'iodure, savoir : 25 grammes d'iodure de potassium et 25 grammes iodure d'ammonium. Les iodures sont ajoutés à l'état de solution dans la moindre quantité d'eau possible. Quelques photographes, au contraire, ajoutent assez d'eau pour augmenter le volume de l'albumine d'un quart en sus. Ainsi pour 100 grammes d'albumine et de miel ils ajoutent 25 grammes d'eau. Cette eau facilite la dissolution des fibres de l'albumine et s'évapore en grande partie pendant le battage; sans aucune addition d'eau, cette évaporation forcée rendrait l'albumine trop épaisse.

Le mélange d'albumine, de miel et d'iodure dissous étant fait, on bat le tout dans une terrine, avec un faisceau de baguettes en bois ou en baleine, jusqu'à ce que le tout soit réduit à l'état de mousse, ayant soin de déposer successivement dans une autre terrine avec une écumoire la portion déjà battue en neige.

Il est préférable de laisser le tout s'affaisser et se liquéfier spontanément pendant une demi-journée; mais si l'on était pressé, on pourrait arriver plus vite au même résultat en posant sur un entonnoir en verre une pièce de toile très-fine en plusieurs doubles; par ce moyen, en versant sur la toile l'albumine déjà liquéfiée, on peut en avoir de suite une certaine quantité bonne à servir, et filtrer le reste peu à peu pendant qu'on étend la portion filtrée sur les glaces.

Pose de l'albumine sur les glaces.

Il est indispensable de faire cette opération dans un lieu spécial, c'est-à-dire bien clos, dont le parquet a été arrosé à l'avance pour éviter la chute des poussières sur la couche d'albumine. Il faut avoir posé soi-même de l'albumine pour connaître l'effet de la moindre poussière, après avoir étalé une couche d'albumine limpide, au moment où l'on se félicite de son succès, on voit pour ainsi dire les poussières s'abattre sur la glace; il s'y forme du moins des saillies nombreuses qui se dessinent de plus en plus en séchant, et si l'on examine ces saillies à la loupe, par derrière, on reconnaît constamment au centre de chaque saillie un corps étranger, le plus souvent filamenteux; ce sont les débris très-déliés de poils ou de filaments végétaux, qui flottent sans cesse dans l'atmosphère. Ces filaments nuisent moins sur les épreuves par leur présence réelle que par la déformation notable qu'ils apportent à la couche d'albumine, en faisant varier tout à coup ses épaisseurs dans un rayon très-limité, il se forme une tache lors du développement.

Pour étaler l'albumine sur une glace, on la tient avec la main gauche au moyen d'un manche garni de poix molle à son extrémité, ou en plaçant la glace sur un pied à caler; dans les deux cas, après avoir versé dou-

cement une certaine quantité d'albumine, de manière à éviter la formation des bulles d'air, on étend l'albumine avec une baguette de verre ployée de manière à couvrir toute la glace, puis on fait écouler l'excès dans un godet affecté à cet usage.

Aussitôt qu'une glace est couverte il faut la mettre à sécher dans un endroit à l'abri de la poussière et de façon à tenir sa surface bien horizontale, sans cela, malgré sa fluidité imparfaite, l'épaisseur de la couche serait bien plus grande d'un côté que de l'autre. On évite l'accès de la poussière et l'inégalité d'épaisseur en plaçant les glaces dans une boîte en bois garnie d'étagères parfaitement parallèles entre elles et au fond supérieur et inférieur de la boîte elle-même, de sorte qu'en nivelant la boîte avec un niveau à bulle d'air on est sûr que toutes les étagères se trouvent aussi de niveau; pour plus de sûreté, cependant, ces étagères sont d'ordinaire traversées par des tiges en laiton filetés, avec des écrous en dessous, qui permettent de modifier la pente des étagères en deux sens à angle droit, et de les établir chacune de niveau avant de procéder au nivellement des étagères, il faut d'abord vérifier celui du fond supérieur de la boîte afin que l'on puisse la transporter au besoin dans un lieu plus approprié à la dessiccation; de sorte qu'en vérifiant à nouveau le niveau du fond supérieur on rétablisse du même coup le niveau de toutes les étagères.

Pour hâter la dessiccation, on place sur le fond inférieur de la boîte une cuvette en métal garnie de chlorure de calcium fondu; la chaux vive pourrait y suppléer, mais elle est sujette à se mettre en poussière alcaline, dont la plus faible partie, tombant sur les glaces, les mettrait hors de service.

On construit à Paris des boîtes à albumine exécutées suivant toutes les règles; le plus sûr sera donc d'en faire venir plutôt que d'en faire construire soi-même par un ébéniste, à moins de renoncer à l'emploi des tiges filetées, qu'on ne pourrait que difficilement se procurer dans les petites localités.

La dessiccation de l'albumine doit se faire lentement. J'ai connu des photographes, très-forts sur l'albumine, qui, par les temps *secs*, transportaient une boîte dans un endroit *frais*.

Sensibilisation des glaces

Les glaces albuminées étant sèches, on les sensibilise avec un bain d'argent à 10 pour 100 saturé d'iodure d'argent et largement acidulé par l'acide acétique cristallisable, dont la dose peut être portée à 25 pour 100.

La glace est plongée d'un seul coup dans le bain; sa surface se mouille plus vite que celle du collodion, mais en raison de sa moindre imperméabilité, il faut lais-

ser la glace au bain pendant cinq minutes au moins.

Après l'avoir soulevée à plusieurs reprises, on la retire du bain, on l'égoutte, puis on la place dans une cuvette pleine d'eau bien claire, où elle repose, pendant qu'on place une autre glace au bain d'argent. Après avoir soulevé à plusieurs reprises la première glace dans son eau de lavage, on rince sa surface avec une pichette à l'eau distillée sur ses deux faces, puis on la pose pour sécher debout, appuyée sur du papier buvard en plusieurs doubles.

Les glaces préparées à l'albumine peuvent se conserver plusieurs jours sans s'altérer sensiblement, c'est là leur grand avantage ; néanmoins, les plaques anciennes ne se comportent pas aussi bien que celles dont la sensibilisation ne date que de vingt-quatre heures.

Développement des images.

L'albumine est lente à s'impressionner, d'autant plus qu'on opère généralement avec un diaphragme à petite ouverture, l'albumine sèche pouvant rester un temps indéfini à la chambre noire, et donner des épreuves des intérieurs les moins éclairés. Elle est environ vingt fois plus lente à s'impressionner que le collodion humide doué de la plus grande sensibilité. Cette lenteur même cesse d'être un désavantage pour le tirage des épreuves

positives transparentes qui n'exigent que cinq secondes environ d'exposition à la lumière diffuse près d'une fenêtre.

La glace ayant été impressionnée pendant un temps jugé suffisant, soit à la chambre noire, soit dans le châssis positif, sous un négatif, on peut retarder le développement autant que l'on voudra.

Le développement se fait dans un bain composé d'acide gallique additionné d'une faible quantité d'acéto-azotate d'argent, savoir :

Eau saturée d'acide gallique...	100 grammes
Nitrate d'argent à 5 100e, faiblement acidulé par l'acide acétique.	15

Pour mieux suivre le développement de l'image, le liquide argentifère est versé dans une cuvette en faïence ou porcelaine, dont le fond blanc laisse voir l'image, et pour diminuer la lenteur du développement, il est utile de chauffer préalablement la cuvette, de manière à rendre le bain tiède quand on l'y aura versé. Même avec cette précaution, il faut un quart d'heure et plus pour que le négatif ait pris toute sa force.

L'épreuve est lente à se montrer d'abord, mais on ne perd rien pour attendre. On la voit naître bientôt sous forme de linéaments vaporeux d'une fine nuance orangée, qui, peu à peu, passe à un brun verdâtre qui

représente les détails les plus secrets de l'image avec une fidélité merveilleuse.

Ce genre de développement ne convient pas aux positifs par transparence, le ton en serait désagréable; c'est pourquoi on traite les plaques impressionnées derrière un négatif absolument comme le collodion sec; on les remet au bain d'argent qui a servi à les sensibiliser, et après les avoir égouttées un peu, on verse à leur surface une solution d'acide pyrogallique, composée d'un gramme d'acide pour 300 grammes d'eau, et acidulant très-peu avec l'acide acétique, parce que le bain d'argent est déjà fortement acidulé par le même acide.

Fixage des épreuves.

Les images sur albumine sont d'une délicatesse excessive, c'est pourquoi il faut procéder à leur fixation avec une grande circonspection. A l'origine, on se contentait de les faire séjourner un certain temps dans une solution de bromure de potassium à 10 pour 100, qui respectait rigoureusement le dessin; depuis, on a conseillé, bien à tort, de se servir de l'hyposulfite concentré, et même du cyanure de potassium. Ces agents sont beaucoup trop forts, et c'est à leur emploi seul qu'on doit attribuer les tons heurtés que donnent aujourd'hui les négatifs sur albumine. Ce traitement gros-

sier enlève à coup sûr toutes les finesses. Le lavage doit se faire, dans tous les cas, avec l'hyposulfite à 15 pour 100, et mieux vaudrait encore l'iodure de potassium à demi pour cent, si l'on avait soin de faire ce lavage à l'abri de la lumière, et de ne laisser aucune trace de ce sel, qui, plus tard, sous l'action de la lumière, attaquerait encore plus profondément les épreuves.

En plaçant les glaces albuminées au bain d'argent, l'albumine se coagule, mais le miel se dissout entraînant un peu d'albumine, de sorte que le bain se colore et tend à voiler les clairs des négatifs. On clarifie ce bain en le filtrant sur du charbon de bois en poudre.

Après un dernier lavage et un séjour prolongé dans de l'eau courante, les épreuves sur albumine sont mises à sécher : une fois bien sèches, leur consistance est celle de la corne, l'ongle ne peut les rayer, et l'emploi du vernis n'est pas nécessaire pour les soustraire aux atteintes du frottement; les négatifs sur albumine sont en réalité beaucoup plus résistants à l'usage que les négatifs protégés par le meilleur vernis.

GÉNÉRALITÉS

pour les épreuves sur papier.

Le papier, comme support de la couche photogénique, est excessivement commode par sa légèreté et son emmagasinement dans un portefeuille. Le succès consiste à l'enduire d'une pellicule photogénique très-homogène, très-serrée et glacée en quelque sorte, faisant, autant que possible, disparaître le croisement des fibres ligneuses.

Je n'admettrai jamais que la substance photogénique doive se loger dans l'épaisseur du papier. Il est évident qu'une telle théorie est exclusive de toute finesse. Si l'épreuve doit reproduire, par exemple, des lignes très-déliées, il ne se peut pas que ces lignes, pour être pures, doivent se continuer dans toute l'épaisseur du papier. Les artistes qui aiment le flou exigent que l'épreuve se forme dans toute l'épaisseur du papier, et ils ont été jusqu'à placer la substance photogénique des deux côtés du papier. Ce sont là des exagérations incommodes et sans portée. La preuve d'images parfaites, en-

gendrées sur une couche infiniment mince, nous est donnée par les images daguerriennes, qui sont produites dans une couche d'iodure qui est certainement inférieure à un millième de millimètre et souvent à un dix-millième de millimètre. Ainsi la théorie de l'épaisseur de la couche photogénique pour l'obtention d'images artistiques est complétement fausse, et en réalité, la plus mince donnera les images les plus pures. Il sera toujours temps de les délayer, et le tirage offrira tous les moyens d'arriver aux effets vagues tant goûtés des artistes.

Ainsi donc, pour la perfection des épreuves sur papier, l'enduit photogénique doit être aussi superficiel que possible, posé d'un seul côté, et composé de particules serrées empâtant le plus possible les fibres ligneuses.

Pour cette raison, on emploie de préférence le papier fortement collé, sur lequel on forme un enduit d'iodure d'argent ou de chlorure d'argent, avec excès de nitrate d'argent. Ces deux composés d'argent, insolubles, sont bien moins altérables à la lumière à l'état isolé qu'en présence du nitrate d'argent ; c'est pourquoi leur mode de préparation est basé sur un procédé qui laisse toujours du nitrate en excès.

L'iodure d'argent ainsi déposé se colore très-peu sous l'influence de la lumière, mais son altération n'en est pas moins profonde en très-peu de temps, et

la continuation de sa modification au moyen des agents continuateurs l'amène au plus beau noir. Par ce motif, il est préféré pour la production des épreuves négatives : pour obtenir par son secours des épreuves positives, il faudrait, pendant sa préparation, se garantir de *toute lumière actinique* car il y a ici un effet rigoureux. On peut dire que le papier à l'iodure qui a été éclairé fugitivement par une lumière quelconque est impressionné sur toute sa surface, et que cet effet, se trouvant centuplé par l'agent continuateur, teintera les blancs. Telle est la difficulté qui se présente pour l'emploi du papier à l'iodure en vue de produire des épreuves positives.

Pour ce genre d'épreuves, on donne donc la préférence au papier enduit de chlorure d'argent, qui exige peut être dix mille fois autant de lumière pour donner une image d'égale intensité, et qui peut, par conséquent, supporter, lors de sa préparation, dix mille fois autant de lumière sans altération sensible de ses blancs.

Les enduits photogéniques à la surface du papier se forment par double décomposition, en plaçant sur un bain d'argent le papier préalablement imprégné d'un iodure ou d'un chlorure soluble, et pour que l'iodure et le chlorure restent adhérents au papier, on a soin de joindre à l'iodure et au chlorure de l'albumine qui, après dessiccation, est coagulée et rendue insoluble par le passage d'un fer chaud. C'est le papier albuminé, io-

duré et chloruré employé aujourd'hui presque exclusivement et que l'on peut acheter tout préparé.

Je viens de découvrir un procédé pour préparer à l'instant même des papiers photogéniques à l'iodure et au chlorure d'argent; il consiste à enduire le papier de collodion photogénique sur lequel j'ai donné quelques renseignements à l'article *Collodion*.

Par ce moyen, un papier quelconque, sans colle autant que possible, étant posé à la surface du photogène garnissant une cuvette et retiré aussitôt pour être posé à plat sur une glace, puis pendu pour sécher dès que le collodion est figé, peut servir dès qu'il est sec, ce qui se fait très-rapidement, à obtenir des négatifs à la chambre obscure ou des positifs sous le châssis, suivant que le photogène qui le couvre est à l'iodure d'argent ou au chlorure d'argent.

GÉNÉRALITÉS

sur le collodion.

Le collodion photographique est une solution de pyroxiline dans l'éther alcoolisé. Sa bonté dépend de la réunion d'un grand nombre de conditions, car il faut qu'il réunisse la transparence, la cohésion, l'adhérence, l'homogénéité et la sensibilité.

Si un seul des ingrédients dont il est composé est de qualité inférieure, il devient mauvais : quelques lignes de discussion éclairciront la question.

La pyroxiline photographique est déjà un produit très-variable; un même procédé donne des qualités fort différentes en raison de la température plus ou moins élevée qui se produit pendant la réaction des acides sur le coton. Les autres ingrédients ne sont pas moins variables; mais on peut les perfectionner ou s'en procurer de première qualité. Par exemple, il est de première importance de n'employer, pour dissoudre la pyroxiline, que de l'éther et de l'alcool rectifiés, c'est-à-dire exempts d'eau autant que possible, car l'eau est la

peste pour le collodion; elle diminue sa transparence, sa cohésion, son adhérence, son homogénéité et sa sensibilité, qualités essentielles que nous avons assignées au bon collodion.

En effet, la transparence de ce corps dépend de la continuité de toutes ses parties; tout agent qui détermine des solutions de continuité le rend mat. Le collodion étant complétement insoluble dans l'eau, il est certain que la moindre proportion d'eau existant dans un collodion nuit à sa transparence.

La cohésion dépend également de la continuité de ses particules; la discontinuité est une cause manifeste de rupture, et la cohésion s'en ressent.

J'entends par homogénéité du collodion, glacis de sa surface après qu'il a été posé sur verre. En général, il a une certaine tendance à former des sillons alignés suivant la pente de son écoulement; et c'est pour rompre ces sillons qu'on change à plusieurs reprises l'inclinaison de la glace, aussitôt après y avoir appliqué le collodion. Les stries sont très-prononcées quand le collodion est préparé avec un grand excès d'éther, en raison de la très-rapide évaporation de celui-ci; au contraire, un excès d'alcool qui, par sa moindre volatilité, laisse plus de temps aux stries pour s'égaliser, produit toujours une surface plus unie. Dans les deux cas, l'eau est toujours de trop; elle se sépare pendant la dessication, surtout en présence d'un iodure dont elle s'em-

paré exclusivement, et les stries s'isolent les unes des autres en raison de son abondance.

L'adhérence du collodion est certainement diminuée par l'emploi d'un éther ou d'un alcool aqueux : ceci se remarque très-bien en essayant un collodion pharmaceutique. Quand il a été préparé avec des produits aqueux, l'eau reste en dernier lieu, la pellicule est mouillée et on peut la faire glisser sur le verre, tandis que du collodion préparé avec des produits bien rectifiés reste collé au verre, et s'en détache seulement par arrachement sous forme d'une pellicule limpide et très-cohérente.

Le mieux est de se procurer une certaine quantité de collodion pharmaceutique, après l'avoir essayé sur le verre ; cela est facile à Paris, mais en province il vaut mieux le préparer soi-même et rectifier l'éther et l'alcool.

Il y a toujours assez d'eau dans le collodion préparé avec les meilleurs dissolvants ; il est même certain que le collodion préparé avec de l'éther et de l'alcool anhydres ne remplirait pas le but ; l'eau en minime quantité détermine une porosité indispensable à l'imbibition et aux réactions ; le collodion tout à fait compacte n'aurait aucune sensibilité. Cela se reconnaît très-bien avec le photogène au collodion ; lorsque ce photogène est posé sur du verre, il devient compacte et les agents révélateurs ne peuvent développer l'image que d'une

façon tout à fait superficielle, tandis que le même photogène, appliqué sur du papier, produit une épreuve aussi vigoureuse que sur collodion sensibilisé à la manière ordinaire.

L'eau en excès nuit aussi à la sensibilité, non pas aussitôt, mais à la longue, en facilitant les réactions entre les ingrédients du collodion ; il devient rouge et la pyroxiline elle-même se désagrége.

Quant à la sensibilité du collodion, elle dépend en bonne partie de la nature du bain d'argent et du liquide révélateur ; c'est pour cette raison que les collodions rouges sont moins sensibles que les collodions faiblement teintés en jaune. Le collodion rouge contient, à coup sûr, de l'*iode libre* ; l'iode libre, en formant de l'iodure d'argent au contact du nitrate d'argent, met en liberté une certaine portion d'acide nitrique, plus de l'oxygène à l'état naissant qui est oxydant au plus haut degré et capable de transformer l'alcool et l'éther en acide acétique ; le collodion rouge équivaut donc à une addition au bain d'argent d'acide nitrique et acétique ; l'acide nitrique, à son tour, paralyse l'action des liquides révélateurs, surtout quand ils sont formés par les acides gallique et pyrogallique ; il les brûle.

Ainsi, le collodion rouge est moins sensible que le collodion jaune, parce qu'on le soumet au même traitement que celui-ci ; mais si on supprimait l'acide acé-

tique que l'on joint d'ordinaire à l'acide pyrogallique, on aurait à peu près la même sensibilité.

Il est vrai qu'on ne peut pas changer la formule du liquide révélateur pour l'approprier à chaque flacon de collodion. Il vaut bien mieux employer des agents uniformes, et, par suite, faire disparaître un indice de lenteur quand il se présente. Rien n'est plus facile que d'éliminer l'iode libre d'un collodion; il suffit de l'agiter ou de le laisser digérer avec du zinc ou du cadmium en grenaille ou en limaille; par ce moyen il devient rapidement blanc comme de l'eau. En se servant d'argent en feuilles pour produire le même effet, on arrive au même but, mais le collodion devient *opalin* en raison de l'iodure d'argent tenu en suspension. C'est le meilleur moyen, car il procure une sensibilité excessive; mais du moment où l'on a introduit l'argent, il faut soustraire le collodion à tout accès de la lumière, sans quoi ce collodion donnerait toujours des épreuves voilées. Cela se conçoit très-bien: l'iodure d'argent formé, quoique peu sensible à la lumière, lorsqu'il est seul, ne manque pas à la longue d'éprouver, sous l'influence de la lumière ambiante, la modification qui le fait noircir au contact du nitrate d'argent et des agents révélateurs, et quand on s'en sert, les clairs sont toujours voilés.

J'ai, en effet, préparé un collodion très-sensible en ajoutant à du collodion sensibilisé ordinaire quelques

cristaux d'iode qui, par l'agitation, ont produit un collodion excessivement rouge, puis en décolorant celui-ci par l'agitation avec de l'argent battu. Ne m'étant pas défié de la lumière ambiante, je formai ainsi un collodion très-sensible, mais donnant toujours des épreuves voilées : en tenant toujours cette préparation à l'abri de la lumière, le collodion s'est trouvé parfait.

Ainsi, l'iode libre paralyse la rapidité du collodion, et son élimination procure immédiatement de la sensibilité ; par contre, l'iode libre donne beaucoup de pureté aux épreuves. C'est donc un agent précieux dont nous devons tirer parti ; il m'a bien réussi pour toutes mes préparations au collodion. Voici comment :

Tout collodion qui voile les épreuves peut être amené à produire des épreuves très-pures, en y ajoutant peu à peu de la teinture alcoolique d'iode. Par exemple, c'est ainsi que j'ai corrigé mon collodion à l'iodure d'argent qui avait été modifié par la lumière : j'y ai ajouté goutte par goutte de la teinture alcoolique d'iode *très-faible* jusqu'à cessation du voile, et le collodion amené à sa sensibilité maximum a été, de ce moment, soustrait à l'action de la lumière.

J'ai fait sur ce sujet un essai encore plus décisif. Après avoir préparé un photogène à la gélatine et au chlorure d'argent, j'en ai versé dans une assiette que j'ai exposée en plein soleil ; à mesure qu'il noircissait,

j'agitais l'assiette pour renouveler la surface, et je persistai jusqu'à ce que le tout fût devenu gris d'ardoise. Après avoir rentré la préparation dans mon laboratoire obscur, j'y ajoutai quelques gouttes d'eau bromée jusqu'à décoloration parfaite, et ce photogène put me servir comme si je l'eusse préparé de toutes pièces à l'abri de la lumière.

En un mot, la sensibilité du collodion est obtenue en se servant, dans une mesure convenable, de quelques agents, les uns accélérateurs et les autres retardateurs.

Les agents accélérateurs sont :

L'iodure d'argent;

Le tannin;

L'aldehyde;

Les fluorures alcalins;

L'acétate de plomb;

employés en quantité très-minime.

Les agents retardateurs sont :

L'acide acétique *cristallisé;*

L'iode et le brome allongés par l'éther ou l'alcool;

L'iodoforme;

employés aussi en quantité très-minime, et dans le cas seulement où le collodion donne des images voilées.

Quant au choix à faire des iodures et bromures pour sensibiliser le collodion, on doit exclure d'abord les

sels qui exigent un supplément d'eau pour être incorporés au collodion; restent donc les iodures et bromures d'ammonium, de zinc, de cadmium, etc., qui sont aujourd'hui si usités, sauf à les corriger dans leurs effets par les accélérateurs.

Ceci m'amène tout naturellement à parler des photogènes au collodion ou collodions photogènes. Je nomme ainsi des collodions sensibles à la lumière, qui produisent des images sans avoir besoin d'être sensibilisés au bain d'argent. Ces collodions se préparent en saturant d'une part du collodion pharmaceutique par son agitation avec du **nitrate d'argent cristallisé**, puis versant dans celui-ci du collodion ioduré ou chloruré, de manière à laisser toujours un excès de nitrate d'argent. On reconnaît que cet excès existe en versant l'un ou l'autre de ces collodions sur du papier et exposant le papier sec à la lumière sous un négatif; les collodions sont reconnus bons si, après une exposition de dix secondes à la lumière diffuse, le collodion à l'iodure montre une image en jaune sombre, et le collodion au chlorure une image en bleu pâle. Si, après cette durée d'exposition, l'image n'était pas indiquée, ce serait une preuve que le sel d'argent manque. Il faudrait continuer à battre le mélange jusqu'à ce que la preuve se fît avant de le transvaser.

Ces collodions doivent être enfermés dans un *étui*,

pour les soustraire désormais à toute action de la lumière, surtout le collodion à l'iodure.

Celui-ci est si sensible après avoir été versé sur une feuille de papier, qu'il faut faire cette préparation à la lueur d'une bougie *garnie d'un verre jaune*. La lumière *directe* d'une bougie empêche d'obtenir de beaux *blancs*. La lumière solaire qui a traversé un verre jaune impressionne vivement ce papier ainsi préparé.

Le collodion photogène à l'iodure sur verre ne m'a donné jusqu'à présent que des images très-faibles à la chambre obscure; les révélateurs ne produisent qu'une image superficielle, et encore faut-il que la plaque y soit immergée, à cause de sa résistance à l'imbibition. Mais le papier enduit de cette substance, après une seconde d'impressionnement à la lumière diffuse, *loin d'une fenêtre*, donne immédiatement une image positive en la plongeant dans de l'acide gallique saturé *étendu d'eau*, additionné d'une faible proportion d'acéto-nitrate d'argent.

Le collodion photogène au *chlorure*, posé sur du papier, se comporte comme le papier chloruré ordinaire pour positifs. Ce photogène adhère mieux sur le papier sans colle et sur le papier albuminé que sur le papier collé ordinaire. En opérant sur celui-ci, il arrive quelquefois que le photogène se détache par un frottement un peu rude en quelques parties, ce qui produit des piqûres.

Pour corriger le photogène au besoin, il faut avoir à sa disposition deux autres flacons, l'un, de collodion pharmaceutique rougi par l'iode, et l'autre, de collodion saturé de nitrate d'argent. Le premier est destiné à compenser l'altération possible du photogène par la lumière ou le temps, et l'autre à compenser l'usage du premier. Quelques gouttes de chaque suffiront pour compenser l'action produite par un temps assez long.

Pour arriver à l'emploi du photogène sur verre, il reste à trouver un moyen d'augmenter la porosité du collodion, sans nuire beaucoup à sa cohésion, et surtout à produire dans sa masse l'iodure d'argent à l'état naissant et divisé à l'infini, comme il se trouve dans le collodion sensibilisé par le bain d'argent.

COLLODION NORMAL.

On nomme collodion pharmaceutique ou normal le collodion qui ne contient aucun sel photographique.

On le prépare en ajoutant de la pyroxiline à l'éther alcoolisé. Pour l'usage, la proportion relative de l'éther à l'alcool est de deux parties d'éther pour une partie d'alcool, et la quantité de pyroxiline est d'un gramme au moins pour un décilitre d'éther alcoolisé. Ce collodion est toujours préparé à l'avance afin que, par le repos, il puisse se clarifier.

Quand il s'est éclairci par un repos de vingt-quatre heures, on le soumet à l'essai en le versant sur une glace ; il doit être un peu pâteux et rester parfaitement transparent jusqu'à dessiccation complète. Quand il est encore mou, il doit, en le soulevant avec l'ongle et le pinçant avec les doigts, se détacher sous forme d'une pellicule vitreuse. Si, au contraire, il devenait laiteux en se desséchant et se rompait en voulant détacher sa pellicule, il faudrait le mettre au rebut pour ne l'employer que comme addition, mais jamais seul.

Collodion photographique.

Il se prépare en ajoutant au collodion normal un iodure préalablement dissous dans l'alcool; il est utile d'avoir toujours sous la main les iodures que l'on doit employer à l'état de dissolution titrée; à 10 p. 0/0, par exemple, on fera dissoudre dans quatre-vingt-quinze centimètre cubes d'alcool dix grammes d'iodure, de sorte qu'en prenant dix centimètres cubes de cette solution, elle contiendra à peu de chose près un gramme d'iodure. C'est la proportion la plus ordinaire pour un décilitre de collodion normal. Cette manière d'introduire l'iodure dans le collodion est généralement employée, et, comme on le voit, elle tend à augmenter la proportion d'alcool; c'est pourquoi j'ai recommandé de faire du collodion normal épais, **afin de pouvoir l'étendre à volonté avec de l'éther et de l'alcool suivant les exigences.**

Le collodion, pour les épreuves positives directes, est préparé avec moitié moins d'iodure. L'introduction d'un bromure dans le collodion est très-usitée, mais en très-faible quantité. Le collodion au bromure seul ne donne pas d'image et se voile sans l'intervention de la lumière; ce fait, qui n'a pas encore été expliqué et qui cache sans doute une propriété particulière dont on tirera avantage plus tard, commande une certaine ré-

serve dans l'emploi des bromures. Pour moi, je me suis toujours bien trouvé d'ajouter au collodion quelques gouttes d'alcool bromé, de manière à lui donner une légère teinte jaune. Cette opération, qui met de l'iode en liberté et tend à donner de la vigueur aux épreuves, neutralise sans doute l'effet inverse qui caractérise les bromures, et le collodion en retire en définitive une certaine perfection.

La proportion d'iodure varie suivant la nature des objets à reproduire; pour les paysages, le collodion pour négatif est employé à la dose d'un gramme et demi pour un décilitre de collodion, ce qui ferait près de deux grammes si la formule s'appliquait à l'iodure de cadmium dont l'équivalent est plus fort; pour les portraits on n'emploie qu'un gramme, et pour positifs directs un demi-gramme.

Le collodion qui a reposé quelque temps se filtre très-bien au coton, pourvu qu'il ne contienne pas de grumeaux. Il faut avoir soin de couvrir l'entonnoir d'un verre pour empêcher l'évaporation.

Le collodion pour transport sur toile cirée doit contenir le plus d'éther possible et être plus riche en pyroxiline, c'est pourquoi le collodion normal épais, renfermant deux grammes de pyroxiline par décilitre, ne doit être étendu qu'avec de l'éther rectifié pour compenser l'alcool introduit en l'iodurant. Pour ce collodion surtout, il faut de l'alcool et de l'éther rectifiés.

BAIN D'ARGENT

Le bain d'argent se prépare en ajoutant 100 grammes nitrate d'argent pour 500 grammes d'eau. Quand tout le sel est dissous, on y joint quelques grammes d'un iodure dissous dans l'eau ou l'alcool, qui forment un précipité d'iodure d'argent, dont une forte partie est absorbée. Après avoir agité le liquide pendant quelque temps, il faut, pour s'assurer de sa bonté, en filtrer une petite quantité; il devra devenir opalin par une addition d'*eau distillée*, parce que ce sera une preuve que les 500 gram. sont saturés d'iodure d'argent, et l'on pourra doubler son volume en y ajoutant 500 grammes d'eau.

Pour opérer avec l'acide pyrogallique, il ne faut pas ajouter d'acide au bain; il est même préférable d'employer le nitrate d'argent fondu.

Pour opérer avec le sulfate de fer, il faut ajouter au bain d'argent une assez forte proportion d'acide acétique ou un peu d'acide nitrique.

Pour le proto-nitrate et le proto-acétate de fer, il suffira d'employer le nitrate d'argent cristallisé qui se

trouvera faiblement acide, comme il le faut pour réussir.

Le bain d'argent marche bien à la proportion de de 10 p. 100 jusqu'à 5 p. 100; mais, en général, plus le bain est riche en argent, plus la couche sensible est corsée et opaque. Quand le bain est réduit à 2 p. 100 d'argent, il se forme un départ entre le collodion et son iodure soluble; l'iodure d'argent ne se forme qu'à la surface, et il se détache infailliblement par lambeaux qui nagent dans le bain.

En général, les vieux bains vont mieux que les neufs; c'est pourquoi on doit, autant que possible, les conserver, et de temps à autre les augmenter en y ajoutant du bain neuf, préparé comme je viens de le dire.

Quand le bain est faible, lors même que la couche sensible ne se détache pas d'une façon apparente, il se forme des piqûres presque imperceptibles; la faible teneur du bain en nitrate d'argent est donc toujours un grand mal qu'il faut éviter autant que possible, en l'essayant avec la liqueur salée titrée, pour le maintenir toujours entre 8 et 10 p. 100.

NETTOYAGE DES GLACES

Pour éviter les méprises, il est bon d'adopter un côté que l'on puisse reconnaître immédiatement, au moyen d'une marque visible et tangible. La forme des glaces étant un carré long, si on dépolit, en le frottant sur un grès, l'extrémité d'un des angles, on sera certain d'opérer toujours sur le même côté, si l'angle dépoli se trouve à droite et à la partie supérieure, et sans le voir on pourra le sentir au toucher.

Le meilleur liquide pour décaper les glaces neuves et celles qui ont déjà servi est l'eau acidulée par l'acide nitrique. Ce liquide est placé dans une grande cuvette qui reçoit les plaques avec ou sans épreuves; l'acide réagit sur le tout, et ne laisse presque rien à faire pour achever le nettoyage.

Il est bien entendu que les glaces vernies doivent auparavant être débarrassées de leur vernis par un lavage à la soude caustique.

Le meilleur tampon pour frotter les glaces est celui formé avec du papier de soie, et la méthode la plus expéditive de finir les plaques consiste à frotter une

seule fois leur surface avec l'eau de la cuvette, puis à les laver sous un filet d'eau, et, finalement, à les poser sur une feuille de papier buvard neuf, et le moyen, plus expéditif encore, est de les placer debout à sécher spontanément.

Il faut finir avec des corps moelleux, tels que de la peau, du tissu de coton ou de soie usé, évitant de les toucher avec des mains mouillées ou en transpiration. La transpiration surtout rend les plaques grasses, et il devient presque impossible d'obtenir des épreuves positives directes avec de beaux noirs.

Une glace propre doit se couvrir entièrement lorsqu'on la mouille. Quand elle est grasse, l'eau se sépare en filets; dans ce cas, on doit frotter de nouveau à l'acide.

Pose du collodion.

Pour verser le collodion, on saisit la glace par son angle supérieur gauche, l'angle dépoli faisant face à droite, et, pendant qu'on la tient dans une position horizontale, on verse le collodion vers l'angle supérieur à droite, de manière à former un disque que l'on force à s'étaler en inclinant la plaque d'abord vers la droite pour atteindre l'angle droit, puis vers la gauche pour atteindre l'autre angle; de l'angle supérieur de gauche, on fait arriver la nappe à l'angle inférieur de

gauche, puis enfin vers l'angle inférieur de droite. A ce moment, on incline vivement la plaque en plusieurs sens pour égaliser le collodion; et, dès qu'il cesse de goutter, on place la plaque sur un support presque horizontal, c'est-à-dire légèrement incliné du côté de l'angle inférieur de droite, en laissant la plaque en repos dans cette situation pendant un quart de minute; le collodion prend un glacis superbe. A ce moment, il faut se hâter de placer la glace dans le bain d'argent.

Sensibilisation de la glace

Il y a trois manières de sensibiliser les glaces, soit en plaçant la glace, le collodion en dessous, en l'abattant par un mouvement de charnière sur des taquets fixés au fond de la cuvette, soit en présentant la glace, le collodion en dessus, et faisant arriver la nappe d'un seul coup sur sa surface, soit enfin en plongeant la glace dans une auge verticale légèrement inclinée en arrière, après l'avoir posée sur un T que l'on fait glisser d'un seul coup sur la paroi en arrière. Ce dernier mode nous paraît le meilleur. Il évite de filtrer le bain, pour ainsi dire, à chaque fois, tous les corps étrangers et les cristaux s'accumulant à la partie inférieure de l'auge.

Quand on sensibilise le collodion en dessus, il faut même, pour éviter les piqûres provenant de poussières

ou cristaux, retourner la glace et la balancer retournée, pour détacher les corps étrangers, à moins qu'on n'opère à chaque fois avec un bain filtré.

C'est le parti le plus sage quand on sensibilise avec des cuvettes; il faut toujours avoir à proximité un flacon à large goulot, qui supporte un entonnoir garni de son filtre en coton, et verser chaque fois dans la cuvette assez de bain filtré pour couvrir largement la glace.

Développement de l'image.

On développe l'image de plusieurs manières, soit au proto-sulfate de fer, soit à l'acide pyrogallique, soit au proto-nitrate de fer ou proto-acétate de fer.

Le développement au proto-sulfate de fer se produit en plongeant la plaque, au sortir de la chambre noire, dans un vase plein de ce liquide, le collodion en dessous. Par ce procédé on n'obtient que des épreuves légères, bonnes seulement pour les positifs directs; en versant ce même sulfate très-affaibli sur la plaque, on peut obtenir des épreuves plus intenses capables de servir comme négatifs.

L'acide pyrogallique, préparé à la dose de 1 gramme pour 3 ou 400 grammes d'eau, 20 grammes d'acide acétique cristallisable, et additionné d'une faible proportion de nitrate d'argent à 2 0/0, se verse sur la

plaque mise sur un pied à caler bien réglé avec un niveau à bulle d'air : à l'aide de cette précaution, la nappe s'égalise promptement d'elle-même, et il ne reste plus qu'à surveiller la venue de l'image pour arrêter son développement dès qu'on juge que la réaction a pris fin.

NÉGATIFS SUR PAPIER

Depuis que l'on a perfectionné le procédé sur verre à l'albumine et au collodion, on ne prépare les négatifs sur papier que pour le tirage des positifs de grandes dimensions. On trouve dans le commerce du papier ciré, ioduré et albuminé, qui épargne l'embarras d'une manipulation très-difficile; il ne reste plus qu'à sensibiliser le papier, et à le fixer lorsqu'il est sec, en le collant près des bords seulement, sur une feuille de carton de la dimension du châssis.

A défaut de papier préparé, on pose les feuilles sur un bain composé de :

Albumine................	1000	grammes.
Sucre...................	50	»
Iodure de potassium........	50	»

Le papier une fois sec est sensibilisé sur un bain composé de :

1 litre d'eau.
50 grammes nitrate d'argent cristallisé.
50 grammes acide acétique cristallisable.

Les feuilles doivent être iodurées et sensibilisées d'un

seul côté. Il est inutile de chercher à faire arriver la substance photogénique des deux côtés de la feuille de papier ; c'est se créer des difficultés et courir le risque presque certain de produire des taches.

Si le papier devait être employé le jour même, on pourrait simplement le coller encore humide sur le carton; avec son excès de nitrate d'argent, on ne peut le conserver, ce qui oblige de le laver comme l'albumine, en le faisant passer par différentes cuvettes pleines d'eau; mais on le colle toujours, quand il est encore moite, pour le forcer à se tendre en séchant sur le carton.

Pose à la chambre obscure.

On ne saurait indiquer des règles à suivre pour guider dans cette opération, qui offre de grandes incertitudes, en raison de la grande longueur du foyer des appareils qui portent un petit diaphragme, et vu la sensibilité très-variable du papier; comme on ne doit prétendre à représenter que la nature morte, il vaut mieux poser avec excès, ce qui donne plus de chance de réussite, puisqu'en développant on peut arrêter l'action et compenser par là l'excès de pose.

Développement de l'image.

Les papiers à développement doivent, dans tout le cours de leur préparation, être garantis de toute lumière actinique, si l'on veut avoir de beaux clairs; comme pour l'albumine et le collodion, les châssis doivent toujours être tenus enveloppés dans une étoffe noire, et en lavant la planchette, cela doit se faire aussi à l'abri d'une étoffe noire.

Le bain de développement est composé de :

1 litre d'eau saturée d'acide gallique et filtrée.

10 grammes acide acétique cristallisable, à quoi on ajoute 10 gouttes du bain d'acéto-nitrate d'argent qui a servi à sensibiliser le papier.

Cette préparation étant versée dans une cuvette de la grandeur de l'épreuve, on applique celle-ci, le côté impressionné en dessous, à la surface du bain, que l'on a rendu tiède au préalable, l'acide gallique exigeant le secours de la chaleur pour réagir dans un espace de temps qui devienne pratique; avec un bain tiède, il faut souvent trois quarts d'heure pour achever le développement; à froid, l'opération marcherait mal et durerait une demi-journée.

Après le lavage à plusieurs eaux l'épreuve est fixée avec l'hyposulfite à 20 p. 100, rincée de nouveau et séchée. Quand elle est sèche, on la vernit avec une so-

lution de cire, dans la benzine ou l'essence de térébenthine, si le papier n'était pas préalablement ciré.

Nouveau procédé pour négatifs sur papier.

Pendant longtemps j'ai étudié un procédé très-simple pour obtenir les négatifs sur papier ; il consiste à enduire la feuille de papier fort de nitrate d'argent cristallisé à 10 p. 100, en frottant la feuille en tous sens avec un tampon en coton, de manière à l'humecter d'une façon uniforme. La feuille encore humide était exposée à la vapeur de l'iode, qui formait à sa surface une pellicule d'iodure d'argent d'une extrême ténuité, avec mise en liberté d'acide nitrique. Ce papier pouvait être impressionné, humide ou sec, et son image était développée avec l'acide gallique additionné d'une quantité imperceptible d'acéto-nitrate d'argent, le papier sensible étant naturellement humecté de nitrate d'argent dans son épaisseur.

Le fixage des épreuves se faisait par un simple lavage à l'eau, l'iodure d'argent existant en quantité presque inappréciable.

ÉPREUVES SUR PAPIER

Cette branche de la photographie, qui est aujourd'hui la plus importante, a été pendant longtemps stationnaire avant de pouvoir se produire. Toutes les épreuves se formaient à la chambre obscure. La durée de l'impressionnement était très-longue, bien qu'on eût la précaution d'opérer sur papier humide.

En général, l'effet de la lumière sur un papier photographique se marque en noir, ce qui est justement l'inverse de l'effet que l'on cherchait : il a fallu trouver un moyen par lequel les effets lumineux fussent représentés en blanc sur un fond noir. On y a réussi en faisant noircir à la lumière directe un papier enduit d'un composé photogénique, et en le plaçant ensuite au foyer de la chambre obscure, après l'avoir mouillé avec une solution d'iodure de potassium, qui possède la propriété de décolorer, sous l'action de la lumière, le papier qui a déjà été noirci par la lumière ; un lavage à l'hyposulfite ou au cyanure de potassium fixait ensuite l'image.

Pendant cette première période, très-peu de per-

sonnes s'occupaient de photographie sur papier. M. Talbot en Angleterre, et M. Bayard en France, en avaient pour ainsi dire le privilége, opérant pour leur propre compte suivant des procédés connus d'eux seuls ; mais M. Talbot, en prenant des brevets, initia le public à ses inventions, et c'est lui rendre justice que de dire que la photographie sur papier lui est autant redevable que le daguerréotype l'est à Daguerre. C'est lui qui le premier a employé le papier ioduré en le développant avec l'acéto-nitrate et le gallo-nitrate d'argent, pour en faire des négatifs qui lui servaient à tirer des positifs sur papier revêtu de chlorure d'argent.

Postérieurement, on a verni et ciré les négatifs pour rendre le tirage plus prompt et plus pur, on a fait des négatifs sur verre à l'albumine et au collodion; mais toujours on a employé ses réactifs et suivi, pour le tirage des positifs, sa méthode primitive, qui est la seule possible.

La photographie sur papier consiste donc à impressionner à la chambre obscure un enduit composé principalement d'iodure d'argent humide ou sec, à faire paraître l'image avec l'acide gallique additionné de nitrate d'argent, ce qui produit une image négative, qui, appliquée sur un papier sensible, donne une infinité d'images positives, toutes identiques entre elles.

Le collodion sur verre a fait découvrir de nouvelles

substances révélatrices qui ont servi à lui procurer une grande sensibilité. C'est l'ensemble des inventions primitives et des perfectionnements survenus qui forment la photographie actuelle, que je vais exposer d'une façon succincte, en me bornant aux choses essentielles.

Du papier.

Le papier est composé de fibres ligneuses très-déliées qui, tenues en suspension dans l'eau, se déposent en s'enlaçant toutes les fois qu'on verse la pâte sur un tamis très-fin ou une surface poreuse. Le ligneux est un composé qui n'est altérable que par les réactifs chimiques les plus violents et les plus concentrés, et leur résiste dès qu'ils sont étendus d'eau ; il convient donc très-bien en photographie comme support.

Il y a deux sortes de papier : le papier sans colle et le papier collé.

Le papier collé est seul employé; cependant le papier sans colle, qui pourrait recevoir la cohésion qui lui manque par des préparations exigées en photographie et auxquelles il se prêterait mieux que le papier déjà collé, devra être employé avec avantage, précisément parce que l'encollage du papier est souvent un inconvénient.

Ainsi, quand vous employez un papier, vous ne savez pas quelle est la nature de son encollage, et si

vous parvenez à le savoir et à agir en conséquence, il vous faudra, pour réussir, employer toujours le même papier, ce qui n'est pas possible pour le plus grand nombre, qui est forcé d'employer le premier papier venu.

Au dire des photographes les plus experts, certains pays étrangers produisent des papiers supérieurs aux papiers français : tels sont les papiers de Saxe et les papiers anglais; mais cela doit s'entendre pour les grandes maisons, qui mènent une grande fabrication et rivalisent entre elles pour la beauté de leurs produits. Cette infériorité de la fabrication française disparaît de jour en jour, et cette préférence devra bientôt être qualifiée de préjugé.

Le papier, se formant par dépôt sur une toile métallique, est toujours plus uni d'un côté que de l'autre, c'est pourquoi la première opération consiste à examiner chaque feuille pour marquer d'un trait de crayon l'envers, qui porte l'empreinte de la toile métallique, que l'on reconnaît à la première inspection, pour peu qu'on en ait l'habitude. Tout en marquant ainsi le papier, on l'examinera par transparence, mettant de côté les feuilles défectueuses destinées à un emploi secondaire; pour les feuilles destinées à être coupées, la trace au crayon doit être légère, mais en croix, joignant les quatre angles de la feuille, pour reconnaître toujours la marque facilement.

Le papier étant entier ou coupé à la grandeur désirée, on procédera à l'application de l'enduit photogénique. Cet enduit s'effectue généralement par deux opérations successives : la première consiste en un encollage additionnel qui renferme un sel propre à former l'enduit sensible au contact du bain d'argent.

Pour les papiers positifs, le premier bain est de l'eau salée ou de l'albumine unie à un chlorure.

Pour le papier négatif, c'est l'albumine unie à un iodure.

BAIN SALÉ

Eau ordinaire filtrée.	1000 gr. 1 litre.
Chlorure de sodium	100

BAIN SALÉ ALBUMINÉ

Albumine battue et filtrée au coton.	1000
Eau filtrée.	300
Chlorure de sodium	100

POSITIFS SUR PAPIER

Lorsqu'on prépare du papier positif, l'opération marche très-vite; il est préférable de continuer jusqu'à épuisement du bain et d'en faire provison pour plusieurs jours. Ce papier ne se conserve pas longtemps; lorsqu'il est soumis aux influences atmosphériques ordinaires, il jaunit et ne peut plus donner de beaux blancs; mais il a été prouvé que l'altération était due à l'humidité, et pour le conserver, on a imaginé des portefeuilles munis d'un récipient métallique qu'on garnit de chaux vive.

En préparant le papier par un temps sec, et le serrant dans le portefeuille conservateur où l'air est maintenu parfaitement sec par l'action de la chaux, le problème se trouve résolu d'une manière satisfaisante.

Sans avoir un portefeuille spécial, il est évident qu'un simple carton dont le fond serait garni de chaux vive, sur lequel on placerait un portefeuille plein de papier préparé déjà bien sec, remplira le même but; avec le temps, l'air se renouvelle partout par une circulation forcée provenant de la variation de pression

et de température. Le papier ainsi disposé se desséchera donc tout aussi sûrement que du tabac à fumer qui est enfermé dans un cornet de papier ; du jour au lendemain, par un temps sec, le tabac humide devient parfaitement sec et friable.

Le jaunissement du papier est dû principalement à l'altération du nitrate d'argent en excès, en contact avec la matière organique de l'encollage; c'est pourquoi, outre la coloration des blancs, il faut subir la conséquence de l'affaiblissement du nitrate d'argent. Effectivement le papier jauni ne se colore pas aussi vite ni aussi franchement que le papier frais.

Le papier positif se colore à peine à la lumière diffuse dans l'espace de quelques secondes, ce qui donne la faculté de l'examiner à un jour modéré avant de le placer dans la presse, et de pouvoir juger son degré d'impressionnement en soulevant l'un des volets de la presse.

Sous l'action de la lumière, le papier positif prend successivement plusieurs teintes; il devient d'abord bleu ardoise, coloration subie exclusivement par le chlorure, puis l'azotate d'argent, uni à la matière organique, produit un rouge qui, combiné au bleu précédent, forme une nuance pourprée qui fonce graduellement jusqu'au noir mat, et passe finalement à la nuance irisée, semi-métallique, qui peut aller jusqu'au vert olive.

On est obligé de régler la durée de l'exposition sur la force du négatif : avec un négatif faible on ne peut pas dépasser le noir mat, et la couleur olive convient seulement aux négatifs puissants ; car l'essentiel est que les blancs soient à peine teintés, assez seulement pour représenter la dégradation inévitable de l'hyposulfite ; mais outrer l'imposition, sauf à se réserver de compenser son excès par l'emploi, aussi à outrance, de l'hyposulfite, est une mauvaise pratique.

Au sortir du châssis, il faut plonger les épreuves dans de l'eau salée pour détruire radicalement le nitrate d'argent encore existant. Sans cette précaution, il se produit infailliblement dans l'épaisseur du papier un sulfure d'argent qui le jaunit, qui ne peut être éliminé et devient une cause d'altération ; et pour éviter à tout prix la formation de ce sulfure, il est nécessaire de maintenir toujours le bain d'hyposulfite à l'état *alcalin* par une légère addition de carbonate de soude, car on sait que la plus faible trace d'acide précipite du soufre en décomposant l'hyposulfite, et ce soufre à l'état naissant, qui est invisible, est la plus puissante cause d'altération des épreuves.

Le bain d'hyposulfite varie de force suivant chaque auteur ; en général, on l'emploie beaucoup trop fort. Avec un agent aussi actif, il vaut mieux employer un bain moitié moins fort et laisser l'action durer deux fois plus longtemps. On sait très-bien que l'hypo-

sulfite rónge les demi-teintes, sans altérer sensiblement les noirs, ou du moins, si ce sel diminue l'intensité de ceux-ci, on a les moyens de les rétablir, tandis que les demi-teintes une fois parties ne reviennent plus; il faut donc composer le bain d'hyposulfite de

    1000 grammes eau.
    100 grammes hyposulfite.

TRANSPORT DU COLLODION

sur papier, sur toile cirée
et pâtes céramiques.

Les épreuves sur collodion, une fois produites, peuvent être transportées sur un corps quelconque, auquel le collodion adhère en séchant.

Les épreuves sont de deux sortes : les unes dans lesquelles les lumières sont rendues par un dépôt d'argent, et les autres dans lesquelles le dépôt d'argent marque les ombres : dans les premières, le dépôt d'argent produit les clairs, à la condition que le collodion repose sur un fond noir ; et dans les secondes, l'argent déposé produit des noirs si le collodion est posé sur verre et se voit par transparence, ou s'il est appliqué sur papier ou pâte céramique ; dans tous les cas, le transport représente des épreuves positives.

Les épreuves obtenues à la chambre obscure forment les épreuves de la première espèce, et celles produites avec un négatif sur collodion sec forment les épreuves de la seconde espèce.

Pour que le collodion se prête convenablement au

transport, il faut qu'il soit épais, c'est-à-dire riche en pyroxiline et préparé avec aussi peu d'alcool que possible; dans ces conditions, après le lavage à l'hyposulfite, en baignant la glace dans une eau légèrement acidulée avec l'acide acétique, l'acide sulfurique ou l'acide nitrique, le collodion perd toute adhérence et se transporte facilement.

Le collodion est par lui-même un corps gras, c'est-à-dire adhérent avec une grande force aux corps gras ou résineux quelconques, ne pouvant s'en détacher qu'en le dissolvant. En le transportant, comme le conseillent certains photographes, sur un enduit miscible à l'eau, il perd sa solidité sous l'influence de l'humidité, et l'épreuve est détruite en peu de temps.

Par cette raison, la toile cirée ou toute autre surface enduite d'un corps gras, huile siccative, vernis, etc., s'adapte parfaitement au collodion, de façon à ne pouvoir entamer celui-ci avec le corps le plus dur. Par exemple, le collodion transporté sur papier sans apprêt ne jouit d'aucune solidité, il s'écaille de lui-même; il faut que le papier soit au moins albuminé et qu'il ait subi le fer chaud si on ne le vernit pas.

Quand on veut transporter le collodion sur les supports flexibles, tels que la toile cirée, le papier, etc., il est inutile de détacher auparavant le collodion de la glace; il suffit, après le lavage qui succède à l'application de l'eau acidulée, de présenter la glace horizontale-

ment et couverte d'eau pour y appliquer la toile cirée ou le papier préparé, qui a été coupé d'avance de manière à laisser les bords de la glace dépasser la toile et le papier; et après avoir posé le support en le tenant ployé en forme de tuile sur le milieu de la glace, on laisse les deux côtés se rabattre et s'appliquer d'eux-mêmes; puis on presse légèrement par dessous, en retournant la glace, pour compléter le contact et expulser les bulles qui se montrent, en pressant du centre à la périphérie.

A partir de ce moment, on abandonne les glaces à la dessication spontanée, après avoir détaché le collodion des bords avec l'ongle ou un instrument tranchant jusqu'au contact de la toile ou du papier.

Si l'on ne doit enlever le collodion que le lendemain, on pourra ne dépouiller les bords qu'au moment de l'enlèvement.

Si l'on veut opérer l'enlèvement de suite, après avoir détaché le collodion des bords et l'avoir doublé sur la toile tout autour, on pince la toile vers un angle et on dépouille la plaque en enlevant doucement la pellicule.

On peut aussi mettre la glace à sécher dans une étuve ou à une douce chaleur et dépouiller quand elle est sèche.

Après le dépouillement, il reste à sécher l'épreuve à une douce chaleur jusqu'à ce que toute l'humidité se soit vaporisée : à ce moment l'image prend beaucoup

d'éclat et elle se trouve désormais fixée sur la toile ou le papier avec la plus grande perfection.

Si le collodion doit être transporté sur une surface rigide, telle que verre, carton, bois ou plaque céramique, il faut, après avoir détaché le collodion des bords, le faire flotter dans un vase plein d'eau, et l'appliquer sur le corps rigide, l'épreuve en contact avec ce corps.

Pour fixer au feu sur verre ou pâte céramique; afin d'obtenir un ton brun ou noir au feu, il faut, avant de détacher l'épreuve, la vernir à l'or ou au platine; et pour que l'image se colle au feu après la combustion du collodion, on doit enduire le verre ou la plaque céramique d'une couche très-légère d'acide borique dissous dans l'eau bouillante.

Dans tous les cas, on doit laver soigneusement après le passage à l'hyposulfite, pour éviter d'en laisser et de le décomposer en baignant la glace dans le bain acide, ce qui brunirait l'image; et ne presser que légèrement en chassant les bulles d'air, pour ne pas provoquer d'adhérence.

VIRAGE DES ÉPREUVES

Les épreuves, en sortant des châssis, sont toujours dépassées. Cela est nécessité par l'obligation où l'on est d'enlever par un dissolvant le chlorure d'argent non impressionné, ce qui ne peut s'opérer sans que ce dissolvant fasse disparaître en même temps les teintes rosées qui sont presque aussi solubles que le chlorure blanc lui-même.

Par conséquent, dans une épreuve amenée à point dans le châssis, les blancs sont un peu teintés, et sous l'action de l'hyposulfite, l'épreuve acquiert tout son éclat, et retourne pour ainsi dire à un état par lequel elle a passé avant d'être forcée en couleur. Mais sa nuance générale est d'un rouge criard qui n'est au goût de personne.

Dans un bain d'hyposulfite à 10 p. 100, l'opération marche encore assez vite. Au bout d'un quart d'heure, quand les épreuves vues par transparence paraissent bien pures, il est temps de les retirer pour arrêter l'effet de l'hyposulfite, ce qui se fait en les plongeant une à une dans une grande auge pleine d'eau claire, où elles

peuvent rester plusieurs heures sans inconvénient, pourvu qu'on ait soin de les remuer de temps en temps pour les débarrasser de l'hyposulfite excédant.

Si l'on était pressé, on pourrait, après les avoir laissé égoutter en masse quelques minutes, les porter immédiatement au bain de virage.

Bain de virage.

Le bain de virage est composé d'un à deux grammes de chlorure d'or et huit à dix grammes d'hyposulfite par litre d'eau, en ayant soin de dissoudre séparément chaque sel dans le plus d'eau possible et d'ajouter le chlorure d'or dans l'hyposulfite, peu à peu, en agitant après chaque addition. Une température de vingt-cinq à trente degrés active beaucoup la réaction, qui peut alors se faire complétement en dix minutes, tandis qu'à froid, vers dix degrés, elle exigerait une demi-heure et plus.

COLLODION SEC AU TANNIN

Le collodion humide et encore humecté du bain d'argent jouit d'une grande sensibilité, mais la présence de ce bain met obstacle à son transport; il faut l'impressionner aussitôt.

En enlevant le bain d'argent (1), on diminue considérablement sa sensbilité, mais en lavant le collodion avec autant de soin qu'on en met à laver l'albumine sensibilisée, il n'est pas prouvé que le collodion ne pourrait pas être employé avec avantage.

Par sa dessiccation spontanée, le collodion devient rigoureusement sec, ce qui n'arrive pas avec l'albumine, qui reste à l'état hydraté un temps très-long. Pour prévenir la dessiccation totale du collodion, on a essayé

---

(1) Je viens de reconnaître de nouveau, et de la façon la plus nette, que le bain d'argent ne sert à rien pour l'impressionnement, et qu'une plaque lavée et restée fraîche est tout aussi sensible que si le nitrate d'argent était resté sur la plaque; seulement, pour son développement, l'image négative exige une plus forte proportion d'acide dans le réducteur; on peut, à volonté, remettre au bain ou verser sur la glace le réducteur additionné de nitrate d'argent.

de l'enduire avec diverses substances aqueuses peu siccatives, telles que sirop, sérum, gélatine, albumine, etc. L'albumine seule, employée suivant le procédé Taupenot, a donné un résultat satisfaisant, mais c'est en observant rigoureusement une suite d'opérations difficiles et fastidieuses qui sont un remède pire que le mal.

Pour pratiquer le procédé Taupenot, il faut sensibiliser le collodion, le laver avec grand soin, puis l'enduire, encore frais, d'une couche d'albumine iodurée qu'on sèche; après la dessiccation, on sensibilise de nouveau pour laver et sécher encore.

Heureusement qu'on vient enfin de découvrir un enduit pour collodion préférable à l'albumine; par la facilité de son application, sa longue conservation et la pureté des images qu'il procure, ce procédé, qui a été découvert en Angleterre par le major Russell, est fondé sur l'emploi du tannin. C'est le collodion sec au tannin.

Voici, en peu de mots, comment il se pratique.

Après avoir sensibilisé le collodion comme à l'ordinaire, on baigne la glace dans une bassine horizontale ou une auge verticale pleine d'eau distillée, ce qui enlève presque totalement le nitrate d'argent en excès, pourvu qu'on soulève la glace à plusieurs reprises jusqu'à ce que les traînées grasses aient disparu. Après cela, on lave la glace des deux côtés sous un robinet ou à l'aide d'un vase à pichette, et on la met égoutter

quelques minutes. A ce moment, on verse sur la glace encore humide une solution de tannin dans l'eau distillée et filtrée au papier, dans les proportions de quatre grammes de tannin pour cent grammes d'eau.

Après avoir versé sur la glace une quantité de la solution jugée suffisante, on l'incline en divers sens pour la bien couvrir, et finalement on fait écouler l'excédant par un angle dans un vase quelconque, le tannin excédant ne devant jamais servir de nouveau.

Après cette préparation, on met les glaces à sécher spontanément à l'abri de la poussière et de toute lumière, et quand elles sont sèches, on les place dans une boîte à rainure, comme les glaces à l'albumine, pour s'en servir au besoin.

Les glaces au tannin sont dix fois environ moins sensibles que le collodion humide employé à la manière ordinaire, et quand elles ont été impressionnées, on peut, comme pour les glaces albuminées, retarder leur développement autant que l'on voudra.

Avant de verser le liquide révélateur, on humecte la glace impressionnée en couvrant sa surface d'une couche d'eau distillée qu'on laisse séjourner quelques instants, et après l'avoir fait écouler, on verse sans tarder sur la glace l'acide pyrogallique à la dose d'un gramme pour deux cent cinquante grammes d'eau distillée, après y avoir ajouté quelques gouttes d'une liqueur argentifère préparée en dissolvant quatre grammes de nitrate d'ar-

gent et quatre grammes d'acide nitrique dans cent grammes d'eau distillée.

En procédant ainsi, l'image se développe dans l'espace de quelques minutes, en passant peu à peu de la teinte rouge à un ton noir riche et vigoureux.

L'expérience de la conservation des glaces au collodion sec avec le tannin n'a pu encore se faire, en raison du peu de temps écoulé depuis la découverte du procédé ; mais selon toute probabilité, elles ne seront pas inférieures sous ce rapport aux glaces albuminées, et M. Thomas Sutton, à qui j'emprunte la description du procédé, et qui l'a mis souvent à l'essai, déclare qu'il donne des négatifs admirables et satisfaisants à tous égards.

STÉRÉOSCOPE

La photographie nous a fourni un moyen expéditif et parfait pour préparer des images à l'usage du stéréoscope.

Avant la découverte et le perfectionnement de cet art étonnant, en dehors des dessins linéaires dont le tracé pouvait être soumis au calcul, on ne pouvait produire rien de passable en ronde bosse. Avec la photographie, tout est également facile, et l'on peut arriver à la perfection, pourvu qu'on ne s'écarte pas des règles naturelles de la vision.

Les deux épreuves nécessaires pour la perception du relief s'obtiennent sur une seule glace par deux procédés différents. Par l'ancien procédé, on se sert d'un seul objectif qui fonctionne en deux stations différentes, et à chaque station la lumière n'agit que sur une moitié de la glace. Pour la station à gauche, c'est la moitié de la glace à droite qui reçoit l'image; pour la station à droite, c'est la moitié de la glace à gauche qui est impressionnée. Au moyen de cette précaution, en tirant les images sur papier, les épreuves sont in-

terverties et se trouvent prêtes à figurer dans le stéréoscope, sans qu'on ait besoin de les couper pour les transposer.

Il est évident que ce procédé ne peut servir à prendre des épreuves instantanées; il est employé pour copier les vues et les intérieurs sur albumine avec un petit diaphragme qui donne aux négatifs une grande netteté.

Pour les épreuves instantanées, il est préférable d'employer une chambre à deux objectifs qui produisent les deux images en même temps sur une même glace. En tirant les négatifs sur papier positif, on est forcé de couper la feuille pour intervertir les images en les montant pour stéréoscope.

Avec une chambre binoculaire, l'écartement des points de vue est nécessairement limité, tandis qu'avec une seule chambre, on peut les espacer à volonté.

Un écartement hors nature, c'est-à-dire qui dépasse 7 centimètres, produit nécessairement des déformations pour les objets peu distants, et la déformation est proportionnelle à l'excès de l'écartement. Ce défaut est très-sensible dans les portraits; les traits du visage présentent une saillie monstrueuse, la tête semble détachée du corps, et les membres en raccourci sont disloqués. Pour les objets très-éloignés, la tolérance est beaucoup plus grande, et un excès d'écartement modéré produit un effet avantageux.

Avec l'écartement normal de 7 centimètres entre les centres des deux objectifs, le relief est bien senti dans les premiers plans et insensible dans les lointains. C'est, du reste, ce qui a lieu pour la vue naturelle.

Toutes les fois qu'on exagère l'angle, il y a, en effet, accroissement, ou, pour mieux dire, exagération du relief; mais c'est au détriment de la vérité du tableau. Le spectacle qui s'offre à notre vue, la charme par le détail, mais les objets semblent rapetissés : on peut difficilement les prendre au sérieux; l'illusion cesse, et, au lieu de se persuader qu'on a sous les yeux une vue naturelle, on reste persuadé que c'est une sculpture établie sur une petite échelle. C'est très-mignon, mais cela ne semble pas vrai.

Par l'emploi de plus en plus répandu de la chambre binoculaire, cette exagération finira par disparaître; et alors les épreuves stéréoscopiques donneront la représentation des objets naturels avec toute la perfection désirable.

VOCABULAIRE
DE
CHIMIE ET PHYSIQUE

Acétates.

Les acétates ne sont pas employés en photographie autant qu'ils pourraient l'être : ils sont en général très-solubles; leur addition au bain d'argent et aux agents révélateurs produit des effets très-remarquables qui n'ont pas encore été bien définis. Suivant la loi de Bertholet, les acétates ajoutés au bain d'argent produisent un acétate d'argent insoluble qui empâte le liquide et vient surnager en cristaux soyeux; l'acétate de plomb produit un effet tout différent, il forme d'abord un précipité qui ne tarde pas à se dissoudre; cela vient de ce que l'acétate d'argent est soluble dans l'acétate de plomb; en effet, si l'on ajoute à une solution d'acétate de plomb des cristaux d'acétate d'argent, en portant le liquide à l'ébullition, l'acétate d'argent est dissous. Le mélange étant refroidi et filtré, on obtient un liquide clair comme de l'eau, qui renferme les deux

acétates ; car un papier qui en est enduit donne des épreuves avec autant de certitude que si on avait fait usage de nitrate d'argent.

Cette préparation peut même servir à sensibiliser des plaques en place du bain ordinaire au nitrate d'argent ; ce bain dissout à peine l'iodure d'argent. Quand on y ajoute de l'acide pour pouvoir développer au sulfate de fer sans voiler les images, il se forme un précipité d'acétate d'argent.

Ceci explique la façon d'agir particulière à l'acétate de plomb. Quand on l'ajoute au bain d'argent, il se forme un précipité qui se redissout rapidement. C'est sans doute de l'acétate d'argent qui est en réalité très-soluble dans l'acétate de plomb. L'acétate de plomb, ajouté au bain d'argent, m'a toujours paru un élément de sensibilité et un moyen de pousser très-loin l'action des révélateurs.

Acétate d'argent

Eq^t, 20-92.

L'acétate d'argent est très-peu soluble dans l'eau ; on ne sait encore rien de ses propriétés photographiques, qui un jour seront utilisées. Jusqu'à présent ce sel a été plus embarrassant qu'utile ; il se forme souvent, dans les bains d'argent acidulés, par l'acide acétique, quand on introduit dans ceux-ci un sel alcalin.

ou que le nitrate a été falsifié par une addition de salpêtre. Ce bain se trouve chargé d'aiguilles soyeuses très-légères qui surnagent, et la sensibilité est presque anéantie. Contrairement à la théorie, l'acétate de plomb ne produit pas de précipité permanent dans le nitrate d'argent, le précipité d'abord formé s'y redissout : le bain ainsi modifié acquiert une très-grande sensibilité, et la faculté de développer des négatifs intenses avec les réducteurs ferrosiques.

Acétate de plomb

Eq^t, 23,75 — Sol., 0'66

L'acétate de plomb est très-soluble dans l'eau froide, il faut trois parties d'eau pour dissoudre deux parties de ce sel; il est cinq fois moins soluble dans l'alcool. Son addition au bain d'argent facilite singulièrement le développement des images, et il procure en définitive une sensibilité bien marquée. Cet acétate, saturé de litharge, produit le sous-acétate (extrait de saturne), contenant trois fois plus d'oxyde de plomb que l'acétate neutre. Il peut s'ajouter aussi avec succès au bain d'argent, mais son avantage n'a pas encore été caractérisé.

Acides.

Dans toutes les opérations où la chimie est en jeu, les acides jouent un grand rôle; si bien qu'en général, quand on parle d'un traitement chimique, on dit vulgairement traitement par les acides.

Les acides se divisent en deux sortes, savoir : les acides minéraux et les acides organiques.

Parmi les acides minéraux, la photographie emploie l'acide sulfurique, l'acide nitrique ou azotique et l'acide chlorhydrique.

L'acide sulfurique sert à aciduler le proto-sulfate de fer, et à préparer la pyroxiline par son mélange avec le nitrate de potasse ou de soude.

L'acide nitrique est employé pour préparer le nitrate d'argent, aciduler les bains et l'eau qui sert à nettoyer les glaces.

L'acide chlorhydrique est excellent pour nettoyer les vases incrustés par les dépôts; hors de là, il sert exclusivement en photographie à former le chlorure d'argent, soit comme précipité à recueillir, soit comme dépôt superficiel sur le papier au nitrate d'argent exposé à sa vapeur.

La photographie fait un usage bien plus fréquent des acides organiques que des acides minéraux, et la liste des premiers s'accroîtra de jour en jour, quand on aura

bien déterminé l'action spéciale de chacun. Ainsi, dans le principe, en fait d'acides oganiques, on n'employa que l'acide acétique et l'acide gallique ; on commence à substituer l'acide citrique à l'acétique acétique avec un certain succès : dans ce cas, l'acide oxalique, l'acide tartrique, l'acide lactique, l'acide malique, et bien d'autres encore, pourraient entrer en ligne.

Les acides à réduction énergique appartiennent, jusqu'à présent, à la famille de l'acide gallique; tels sont l'acide tannique et l'acide pyrogallique, qui ont été ajoutés : il reste à étudier quelques autres produits accessoires, tels que les acides ellagique et métagallique.

En fait de propriétés remarquables et utiles à signaler parmi les acides, nous nous bornerons à dire que l'acide acétique cristallise à 17°; au-dessus de cette température il se fond, et bout à 120°.

L'acide gallique est très-peu soluble dans l'eau froide, elle n'en prend que 1 p. 0/0 de son poids; l'eau bouillante en dissout trois fois plus. L'alcool, au contraire, le dissout en toutes proportions.

L'acide pyrogallique est très-soluble dans l'eau et moins soluble dans l'alcool et l'éther.

L'acide tannique est très-soluble dans l'eau, dans l'alcool et dans l'éther.

Air.

L'air est un mélange gazeux qui fait vivre les animaux et les végétaux; il est composé, en majeure partie, d'azote et d'oxygène, dans la proportion de 79 parties du premier contre 21 du second, en le supposant sec, ce qui n'arrive jamais dans son état naturel. Il renferme donc toujours quelques centièmes de vapeur d'eau et quelques dix-millièmes de gaz acide carbonique.

En photographie, la présence de l'air joue un très-grand rôle qui n'a pas encore été bien déterminé; mais déjà M. Niepce de Saint-Victor, avec le concours de M. Chevreul, a prouvé que les corps modifiés par la lumière trouvaient un agent puissant et souvent indispensable dans l'air ambiant.

Pendant le développement des images, l'air intervient d'une façon évidente, et souvent son contact intempestif fait manquer le développement en produisant des taches. Les épreuves qui sont en cours de lavage ne peuvent être laissées en contact longtemps avec l'air sans changer profondément de nuance; c'est ce qui oblige de les tenir entièrement immergées dans les bains.

Albumine.

L'albumine compose en majeure partie le blanc d'œuf : elle y est mêlée à une substance organisée et vasculaire; c'est pourquoi, pour la rendre propre aux usages photographiques, on la bat en neige, ce qui dissémine ces filaments dans sa masse et lui donne du corps.

L'albumine devient opaline à la température de 65°. et se coagule à 75° sans qu'elle abandonne aucune de ses parties constituantes. Ce phénomène doit être attribué à une évolution isomérique. Indépendamment de la chaleur, elle est pareillement coagulée par une foule de corps, par la plupart des acides, par l'alcool, le nitrate d'argent, la chaux, la baryte, la teinture de noix de galle, une foule de sels, etc.

Alcool.

L'alcool est un liquide intermédiaire entre l'eau et l'éther pour sa composition et ses propriétés. Il est miscible à l'eau en toutes proportions; sa densité est de 0,795 à la température ordinaire, il bout à 78°. On l'a soumis à un froid de 100° sans pouvoir le congeler: à la longue, son contact avec l'air l'oxyde et le transforme en aldehyde et en acide acétique.

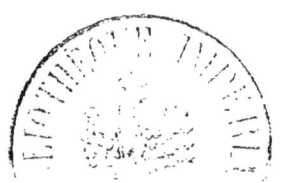

Il est très-employé en photographie, surtout pour préparer le collodion. Pour cet usage il ne saurait être trop exempt d'eau : avec un alcool aqueux, le collodion ne produit que déceptions, parmi lesquelles il faut placer au premier rang la déchirure subite des négatifs au moment où on les croit sauvés.

Il est indispensable de peser l'alcool avant de l'employer au collodion, à moins de le faire servir à la préparation d'une faible partie de collodion, dont l'essai, au point de vue de la solidité, sera encore préférable.

Aldehyde.

L'aldehyde est un corps intermédiaire, entre l'alcool et l'acide acétique, qui résulte par conséquent d'une oxydation partielle de l'alcool. Ce corps, par sa tendance à se transformer en acide acétique, est très-avide d'oxygène, et prend rang parmi les décoxygénants ou réducteurs. Il se forme de lui-même dans le collodion, et c'est la principale raison qui rend le collodion nouvellement préparé moins sensible que celui dont la préparation date de quelques jours.

J'ai réussi, d'une façon très-manifeste, à rendre un collodion plus sensible en y ajoutant un peu d'aldehyde.

Cette substance se prépare en soumettant l'alcool aux agents oxydants d'une certaine énergie, tels que :

l'acide chromique, l'eau bromée, un mélange d'acide sulfurique et d'oxyde de manganèse.

L'aldehyde ne s'obtient pur qu'après l'avoir combiné avec l'ammoniaque qui produit un sel, et avoir décomposé ce sel par l'acide sulfurique, ce qui permet finalement de le distiller et rectifier.

La grande difficulté qu'offre cette préparation et l'altération rapide que subit subséquemment ce produit, le rend très-rare; espérons qu'on arrivera à le préparer immédiatement par une seule opération.

Amidon.

L'amidon est un produit végétal qui se trouve en abondance dans la pomme de terre, les céréales et autres productions végétales; à l'état sec, il est composé de petites ampoules à enveloppe ligneuse qui renferment un mucilage végétal. Lorsqu'on soumet l'amidon à l'action de l'eau bouillante, le mucilage, en absorbant l'eau, se gonfle comme le ferait de la gélatine et brise son enveloppe dont les lambeaux se mélangent au mucilage; c'est ce mélange pâteux qui constitue l'empois ou colle de pâte, qui a été déjà employée en photographie, et sert, sous le nom d'eau de riz, à encoller le papier.

Ammoniaque.

L'ammoniaque (vulgairement alcali volatil) est employée en photographie pour saturer les bains acides et leur donner même quelquefois une réaction alcaline ; par exemple, les bains pour fixer et virer à l'hyposulfite. Quant aux bains d'argent, l'emploi de l'ammoniaque est souvent très-funeste ; la faculté que possède l'ammoniaque de former avec les sels d'argent des sels doubles en toutes proportions réductibles par les agents révélateurs, sans avoir été impressionnés par la lumière, doit faire proscrire cette substance pour cet emploi ; le meilleur agent pour saturer l'acide des bains d'argent est le carbonate de soude.

Si, à l'état caustique, l'ammoniaque est d'un usage limité, d'un autre côté ses sels sont très-employés, surtout son chlorure (dit sel ammoniac) qui sert avantageusement à saler le papier pour le tirage des épreuves positives.

Argent.

L'argent est un métal précieux en raison de son éclat, de sa ductilité, de sa malléabilité et de sa résistance à l'oxydation ; malheureusement il se noircit rapidement sous l'influence des émanations sulfureuses, ce

qui le rend inférieur sous ce rapport à l'or et au platine.

Sa densité est de 10,5 il fond à la température de 1,000° centigrades.

La plupart des composés d'argent, tant solubles qu'insolubles, s'altèrent sous l'influence de la lumière plus profondément que toute autre substance ; par cette raison, ils forment la base de la photographie.

En général, les sels d'argent sont peu solubles ; néanmoins on peut en préparer une dizaine qui sont assez solubles pour servir. On est encore bien loin de connaître l'aptitude photographique de chacun de ces sels; cependant les progrès de cet art sont intimement liés à cette connaissance.

L'ammoniaque rend solubles les sels d'argent insolubles en formant avec eux une vraie combinaison. Ces composés ne peuvent être employés avec les réducteurs ordinaires, mais avec des réducteurs différents les opérations marchent comme à l'ordinaire.

Par exemple, l'ammoniaque dissout l'acétate d'argent aussi bien que le chlorure d'argent. Cette solution, appliquée sur du papier, noircit à la lumière comme du nitrate d'argent; mais pour développer une image avec les réducteurs ordinaires, il faut préalablement leur ajouter une forte proportion d'acide pour saturer l'ammoniaque en excès, à moins qu'on n'expose le papier à la vapeur de l'iode et du brome avant de

l'impressionner, ce qui produit à peu de chose près l'effet d'un acide.

Voir pour plus amples renseignements : *azotate d'argent, fluorure d'argent, chlorure d'argent, iodure d'argent, bromure d'argent.*

Argenture.

L'argenture ne s'effectue bien qu'à l'aide du cyanure de potassium. Le bain pour argenter se prépare tout simplement en versant dans du nitrate d'argent du cyanure de potassium jusqu'à dissolution complète du précipité de cyanure d'argent produit en commençant; le liquide se trouve composé de nitrate de potasse et de cyanure double d'argent et de potassium.

On prépare encore le bain en dissolvant dans le cyanure de potassium du chlorure d'argent récemment précipité et lavé.

L'application à faire de l'argenture à la photographie consiste à renforcer les négatifs par une argenture subséquente. Il faudra, pour y réussir, employer un bain excessivement faible et un excitateur électrique composé de deux lames, zinc et cuivre, plongées dans du sable humecté d'acide sulfurique très-dilué.

Selon toute probabilité, l'argenture convenable sera produite en moins d'une minute.

Azotate d'argent (*Nitrate d'argent.*)

$Ag.^1 AZ^2 O_6$ eq. 21,24 sol. 100

Il résulte de la combinaison de l'oxyde d'argent avec l'acide azotique; c'est un sel incolore cristallisant en lamelles et pouvant se fondre à une douce chaleur sans se décomposer; il est alors comme de l'huile et peut se couler en plaques d'un blanc mat. C'est le nitrate d'argent fondu; pour peu qu'on élève la température, il se décompose partiellement en passant à l'état d'hypo-azotate, il se réduit un peu d'argent, et quand il se fige, le culot est d'une teinte grise : dans cet état, le sel produit une plus grande sensibilité par l'emploi des réducteurs de la série gallique, mais il ne peut être employé avec les réducteurs ferriques sans une forte dose d'acide qui annule cette condition particulière.

Le nitrate d'argent bouilli sur l'oxyde d'argent produit un sous-nitrate qui jouit aussi d'une sensibilité exceptionnelle; si à l'oxyde on substitue la poudre d'argent, on produit l'hyponzotate jouissant de propriétés analogues.

Le nitrate d'argent ammoniacal, quand on a chassé l'excès d'ammoniaque par une ébullition prolongée, est un composé très-remarquable qui ne donne pas d'image avec les réducteurs ordinaires, en

raison d'une réduction générale; mais en employant les réducteurs moins énergiques, tels que l'acide oxalique, l'acide tartrique, etc., il est présumable que la photographie en fera d'utiles applications.

L'azotate d'argent se prépare ordinairement avec l'argent allié au cuivre que l'on fait dissoudre à une douce chaleur dans l'acide nitrique faiblement étendu d'eau; l'action est très-vive, il se dégage des vapeurs abondantes de gaz nitreux; quand tout l'argent est parti, en continuant à chauffer, la préparation devient pâteuse, se gonfle et se fige en prenant une couleur d'un bleu verdâtre; en augmentant le feu, avec l'attention de le faire agir sur toute la capsule à la fois, elle se fond peu à peu en dégageant de nouveau des vapeurs rutilantes et se colorant en noir. Quand le dégagement cesse, le liquide ayant pris une surface unie sans apparence de bulles, le nitrate de cuivre se trouve entièrement décomposé et il ne reste que l'oxyde de cuivre mêlé mécaniquement au nitrate d'argent fondu.

En reprenant la masse par l'eau distillée et filtrant, si l'opération a été bien menée, le liquide filtre clair comme de l'eau, c'est le nitrate d'argent en solution.

En l'évaporant jusqu'à formation de pellicule, et laissant alors refroidir lentement la capsule, il se forme des cristaux en lames minces que l'on dessèche sur du papier buvard, c'est le nitrate d'argent cristallisé; sinon, on pousse de nouveau à la fusion, puis on verse

dans une assiette en porcelaine en plaques pour avoir le nitrate d'argent fondu.

Acide azotique.

L'acide azotique se prépare en décomposant un azotate alcalin, azotate de potasse (nitre) ou azotate de soude par l'acide sulfurique concentré et distillant à un feu modéré.

Il se produit ainsi de l'acide azotique mono-hydraté qui s'est approprié l'eau de combinaison de l'acide sulfurique ; c'est cet acide récemment produit, par le mélange de salpêtre ou de nitrate de soude avec l'acide sulfurique, qui réagit sur le coton et le transforme en pyroxiline.

Hors ce cas, l'acide azotique est usité en photographie seulement à l'état dilué pour paralyser la matière organique dans le nettoyage des glaces et aciduler les sels de fer pour développement.

Benzine.

La benzine est une huile essentielle que l'on peut se procurer très-pure par suite de son emploi aujourd'hui très-répandu ; elle ne sert en photographie que pour préparer le vernis pour négatifs. Elle est en effet un dissolvant très-actif des corps résineux, et sa rapide volatilisation rend les vernis prompts à sécher.

Bitume de Judée.

Ce bitume est recueilli sur certains lacs de Judée, à la surface desquels il flotte en fragments, après avoir perdu par évaporation la partie volatile qui le rendait fluide au moment de sa sortie au fond du lac : il en vient aussi d'Amérique qui présente à peu de choses près le même aspect et la même odeur.

Cet article se trouve à Paris chez les marchands de couleur : il sert depuis longtemps, étant broyé à l'huile, à composer la couleur dite *bitume* qui jouit d'une grande transparence et sert principalement à glacer les ombres des premiers plans.

Ce corps est modifié par une action de la lumière très-prolongée : il devient presque insoluble dans ses dissolvants naturels qui sont l'alcool, l'éther et les huiles essentielles; il en résulte la possibilité de créer des images par le concours de la lumière, surtout en employant des négatifs qui permettent d'appliquer au bitume la lumière la plus intense, et de traiter le bitume rendu insoluble par la lumière comme une réserve, ce qui a été mis à profit pour la gravure photographique et la photo-lithographie.

Il est probable que la propriété de devenir insoluble sous l'influence de la lumière n'est pas particulière au bitume de Judée seul et doit se manifester sur la plu-

part des corps résineux. Tous les corps insolubles sont grandement modifiés par la lumière, et déjà on a découvert des substances qui, sous l'action lumineuse, coagulent la gélatine et la gomme, avec production de résultats photographiques très-remarquables.

Brome.
Eq. 10,00 sol. faible.

Corps simple de la chimie, naturellement liquide, d'un rouge très-foncé, d'une pesanteur spécifique égale à 2,97 ; bouillant à 63° et se congelant à — 20° ; c'est un corps excessivement caustique à l'état pur, il désorganise immédiatement la peau qu'il touche et produit une brûlure pire que celle d'un fer rouge. Il est faiblement soluble dans l'eau, mais il se dissout facilement dans l'alcool et en toute proportion dans l'éther qui est son dissolvant le plus naturel.

Il est très-employé pour le daguerréotype ; la photographie sur papier l'utilisera un jour beaucoup comme étant un antagoniste direct de l'effet lumineux. Ajouté en très-minime proportion dans le collodion, il le jaunit par déplacement de l'iode en introduisant un bromure et formant un peu d'aldehyde. J'ai toujours trouvé qu'en se bornant à ajouter ainsi un bromure en très-minime quantité, le collodion donnait à la fois des épreuves très-pures avec une sensibilité remarquable.

Le brome ajouté à l'esprit de vin est la substance la plus convenable pour enlever les taches de nitrate d'argent; elle les transforme immédiatement en bromure d'argent que l'on dissout ensuite dans l'hyposulfite de soude; il suffit pour cela de mouiller la partie tachée avec un tampon en chiffon roulé, dont on a trempé l'extrémité dans la teinture alcoolique. Cette teinture peut être très-forte et composée environ de 10 parties d'alcool en volume contre une partie de brome.

Bromure d'argent.

Le bromure d'argent n'est pas employé seul en photographie. Il noircit plus rapidement à la lumière que le chlorure d'argent, mais, en définitive, et avec le temps, le chlorure donne un noir plus intense. Le prix moins élevé des chlorures a fait préférer ceux-ci comme ingrédients pour la préparation des papiers positifs. Cette préparation n'est pas acquise à tout jamais. Il y aurait un certain intérêt à étudier l'emploi du bromure comme substitutif au chlorure pour ces papiers.

Carbone.

Le carbone est un corps simple de la chimie qui se présente ordinairement sous l'apparence d'une poudre

impalpable du plus beau noir. Rigoureusement parlant, le carbone est brun par transparence et bleuâtre par réflexion; phénomène qui est très-apparent dans les fumées que vomissent les cheminées en pleine lumière.

La couleur noire est commune à tous les corps métalliques réduits à la plus extrême ténuité. Le carbone étant infusible au plus grand feu de nos fourneaux, il s'y dépose toujours à l'état de noir impalpable. Dans les différents charbons, la cohésion est due en majeure partie aux matières étrangères qui empâtent le carbone. Dans les charbons purs, le carbone prend un reflet métallique qui est quelquefois aussi blanc que celui de l'argent, témoin les pellicules qui se forment quand on brûle les essences avec le gaz oxygène.

Le carbone est employé à l'état de noir de fumée calciné pour donner le dernier poli aux plaques d'argent et pour décolorer les liquides à l'état de noir animal.

Chlorate d'argent.

L'oxyde d'argent se dissout facilement dans l'acide chlorique et forme un sel très-soluble; j'en ai déjà fait usage, il y a sept ans, en remarquant qu'il ne tachait pas autant les doigts que le nitrate; il pourra

un jour présenter des avantages plus sérieux. Il existe aussi un perchlorate et un chlorite solubles.

Chlorure d'argent.

Ce composé est très-célèbre, en ce qu'il a été la cause première de la découverte de la photographie. On a remarqué son noircissement à la lumière bien avant de connaître sa composition. A cette époque, l'argent avait pris le surnom de Lune, et le chlorure était la *lune cornée*, par allusion à la propriété de ce chlorure fondu, qui est jaune translucide et flexible absolument comme la corne.

Le chlorure d'argent, hors l'influence de la lumière, est aussi stable qu'aucun autre corps; il n'est facilement décomposé que par les réducteurs énergiques.

Avec le chlorure de plomb c'est le seul chlorure insoluble et il se distingue de celui-ci par sa solubilité dans l'ammoniaque. En dehors des cas où la solution renferme des sels de plomb, la précipitation de l'argent en chlorure est un procédé excellent pour obtenir l'argent pur. Le chlorure formé par addition d'acide chlorhydrique au liquide argentifère s'agglomère rapidement par le battage et se lave facilement par renouvellement de l'eau.

Il existe plusieurs procédés pour réduire le chlorure en argent, par la voie humide et par la voie sèche.

En faisant bouillir le chlorure avec addition de potasse caustique et de sucre, le chlorure est réduit en argent métallique; la même chose arrive quand on place le chlorure encore humide dans une bassine dont le fond est couvert par une feuille de zinc avec addition d'acide sulfurique étendu d'eau. L'hydrogène naissant produit, réduit peu à peu le chlorure du fond à la surface par une sorte de cémentation : il importe, pour réussir, de laisser agir sans remuer la masse, et d'ajouter peu d'acide pour que le dégagement d'hydrogène ne soulève pas le chlorure.

En plaçant le chlorure dans un creux pratiqué dans une pièce de bois, le couvrant de charbon de bois et soufflant activement avec un bon soufflet, de manière à faire passer la flamme sur le chlorure fondu, l'argent se réduit en un clin d'œil. C'est le procédé le plus expéditif quand on n'opère que sur une faible quantité.

Autrement, on introduit dans un creuset le chlorure mélangé de charbon de bois en poudre avec un peu de craie et du carbonate de soude; au rouge intense, la réaction se fait, et, après le refroidissement, le creuset cassé fournit un culot d'argent.

Chlorure d'or.

Le dissolvant habituel de l'or est le chlore qui se

forme pendant la réaction de l'eau régale (1 partie d'acide nitrique avec 3 ou 4 parties d'acide chlorhydrique) sur ce métal. L'or divisé, mis à digérer à une douce chaleur dans ce mélange, se dissout rapidement en produisant un liquide d'un jaune rougeâtre. L'évaporation continuée à petit feu laisse un résidu rouge brun qui est le sesqui-chlorure d'or.

Ce sel est employé en photographie pour donner de l'intensité aux épreuves positives en l'ajoutant à la solution d'hyposulfite dans laquelle il forme un hyposulfite double qui est décomposé et se dépose sur les noirs en faisant virer les épreuves suivant une gamme de tons pouvant arriver à un noir bleu de la plus grande intensité.

Chlorure de platine.

Il se prépare comme le chlorure d'or, au moyen de l'eau régale et s'emploie aussi pour virer les épreuves. Sa formule, qui correspond au bi-oxyde de platine, ne lui permet pas de former avec l'hyposulfite un sel composé. Son virage pousse au noir pur sans présenter la nuance pourpre qui accompagne toujours la précipitation de l'or.

Chlorure de sodium.

C'est le chlorure le plus répandu dans le règne miné-

ral : l'eau de la mer en contenant 2'5 pour 100, sans compter les bancs puissants de sel gemme qui sont le résultat de bassins marins asséchés.

L'eau ordinaire en dissout à peu près autant à froid qu'à chaud, de 30 à 40 pour 100. Ce sel à l'état pur est naturellement sec, il ne devient humide que quand l'atmosphère est saturée d'humidité. A l'état de sel gris il est plus hygrométrique, en raison des chlorures de calcium et de magnésium qu'il renferme en petite quantité. Ces diverses circonstances ne sont pas un obstacle à son emploi pour saler les papiers positifs. Il est en effet usité à cet effet depuis le début de la photographie sur papier : on lui substitue quelquefois le sel ammoniac ou chlorure d'ammonium, sans avantage marqué.

Chromate de potasse.

Le seul sel de cette famille employé jusqu'ici est le bi-chromate à base de potasse ou d'ammoniaque. Il a la propriété de coaguler les corps gommeux et surtout la gélatine, sous l'influence de la lumière.

Ce fait seul, on le comprend, mène à un grand nombre d'applications, d'autant plus que la gélatine coagulée ainsi possède une grande affinité pour l'encre grasse. Elle peut retenir des substances incorporées

capables, après réactions convenables, de produire des noirs sans emploi des sels d'argent.

On trouvera parmi les notes quelques procédés qui découlent de l'emploi des bi-chromates.

Cyanure de potassium.

Ce sel est le dissolvant le plus énergique des composés d'argent insolubles ; mais malheureusement il les attaque à tous les états et dissout l'*argent métallique lui-même.*

Ceci s'entend du cyanure bien défini, qu'il ne faut pas confondre avec le cyanure commun qui est un mélange de carbonate de potasse en grand excès avec le vrai cyanure. Telle est la cause de ces proportions *fabuleuses* qui sont inapplicables au cyanure bien défini.

Le cyanure première qualité est un sel qui, à la dose de 1 gramme par litre d'eau, dissout vivement le chlorure et l'iodure d'argent, et peu à peu fait disparaître l'image en entier ; si l'on veut employer ce cyanure, il ne faut pas dépasser les proportions de 1 gramme pour 10 litres d'eau, ou, ce qui revient au même, après avoir préparé une solution de cyanure normal à 1 pour 100, on étendra ce liquide de 100 parties d'eau avant de s'en servir. La raison pour procéder ainsi est d'éviter le trop grand accès de l'air sur

une solution très-largement diluée à l'avance. L'air transforme rapidement le cyanure en carbonate, lorsque la solution est très-étendue, ce qui paralyserait infailliblement la solution, par elle-même très-affaiblie déjà.

L'emploi du cyanure doit être rigoureusement exclu pour toutes les épreuves sur verre, soit négatives soit positives. Je crois même qu'on devrait, au lieu d'hyposulfite, employer l'iodure de potassium; mais celui-ci, bien entendu, *à l'abri de la lumière*, puisque sous l'influence de la lumière il agirait absolument comme le cyanure le fait sans le concours de la lumière.

Distillation.

Les opérations distillatoires du photographe sont applicables seulement à l'eau, à l'alcool et à l'éther, et pourront s'effectuer par un seul appareil facile à établir en tous lieux.

L'appareil distillatoire du photographe se composera d'un alambic, d'un serpentin et d'un réfrigérant.

L'alambic sera formé par un cylindre en zinc de 4 litres de capacité, portant à sa partie supérieure deux douilles, l'une de 2 centimètres de diamètre et placée au sommet du cylindre pour introduire les liquides et les sels et se fermant avec un bouchon; l'autre de 1 centimètre de diamètre, soudée latéralement à l'extré-

mité du cylindre, et propre à recevoir un tube en caoutchouc.

Pour la distillation de l'eau, le cylindre se placera sur le triangle d'un fourneau en terre chauffé au charbon de bois et à feu nu.

Pour la rectification de l'alcool et de l'éther, l'alambic sera posé dans un chaudron plein d'eau reposant sur ce même triangle.

Le serpentin sera formé par un tube en plomb ployé en spirale et posé dans un seau en bois, ce seau portera à son extrémité inférieure un trou pour y placer un bouchon traversé par un tube en verre, et en joignant la douille latérale de l'alambic avec l'extrémité supérieure du serpentin et l'extrémité inférieure du serpentin avec le tube en verre traversant le bouchon, au moyen de deux bouts de tube en caoutchouc; l'appareil sera prêt à marcher dès que le feu sera allumé et le seau plein d'eau fraîche.

Cet appareil, qui peut être construit partout, ne pourra se rompre pendant sa marche. Avec des appareils en verre on serait toujours exposé à des ruptures capables de causer des brûlures ou l'incendie.

Pour toutes les distillations, il faudrait n'emplir l'alambic qu'à moitié.

Pour la rectification de l'alcool et de l'éther il sera nécessaire d'y ajouter du chlorure de calcium fondu,

environ 10 pour 100 de leur poids, avec un peu de chaux vive pour saturer l'acide.

Les autres substances avides d'eau, telles que la chaux, la potasse et la soude caustique, modifient l'alcool et l'éther en réagissant sur eux, et ne sont pas par cette raison d'un effet aussi certain.

En préparant du collodion avec de l'alcool et de l'éther ainsi rectifiés, les photographes seront charmés de sa bonté, car il est presque impossible de se procurer ces deux liquides d'assez bonne qualité pour fournir un collodion tenace et bien adhérent sur les glaces.

Eau.

L'eau est la substance la plus employée en photographie. On en distingue plusieurs sortes, savoir : l'eau distillée, qui est parfaite sous tous les rapports; l'eau de pluie qui, est peu chargée de sels, mais contient toujours de la matière organique; l'eau de rivière, faiblement chargée de sels; et l'eau de puits, très-chargée de sels.

De toutes ces eaux, la seule qui pourrait faire manquer certaines opérations délicates est l'eau de pluie. Sa matière organique réduit les sels d'argent hors l'action de la lumière; employée pour le développement, elle pourrait produire une réduction intempestive; pour

ce même objet, les eaux chargées de sels, en formant un précipité déterminent aussi un trouble capable de paralyser l'effet des réducteurs. En préparant les liqueurs révélatrices, il est donc important d'employer exclusivement l'eau distillée; mais pour toutes les autres préparations, bain d'argent, bain d'hyposulfite, lavage des épreuves, l'eau ordinaire est d'un emploi convenable ; la quantité de sel d'argent paralysée est diminuée par filtrage, et le liquide limpide est aussi bon que si on avait employé l'eau distillée.

Ether.

On a donné le nom d'éther au liquide très-volatil qui résulte de l'action de l'acide sulfurique sur l'alcool. Sous cette influence, l'alcool abandonne de l'oxygène et de l'hydrogène dans la proportion pour faire de l'eau, tandis que deux molécules se réunissent pour n'en faire qu'une ; c'est pour cette raison que, malgré une perte d'eau, la vapeur d'éther est plus lourde que celle d'alcool, bien qu'à l'état liquide il soit plus léger, sa densité étant de 0.730 au lieu de 0,795 ; il bout à 36°.

Il n'est pas miscible à l'eau comme l'alcool; il faut l'agiter très-longtemps avec de l'eau pour que l'éther en prenne une très-faible quantité, et cela est tellement vrai, qu'on débarrasse d'ordinaire l'éther de l'alcool qu'il peut contenir, en le fouettant avec une petite

quantité d'eau qui s'empare de l'alcool, et vient occuper en couche séparée le fond du flacon.

Fer.

Les sels de fer au minimum sont des réducteurs très-employés en photographie. Pour qu'un sel de fer puisse servir à développer les images, il faut qu'étant versé dans le bain d'argent à l'abri de la lumière, il ne réduise pas l'argent du bain. Pour faire cesser cette réduction, il faut ajouter de l'acide sulfurique, de l'acide nitrique ou de l'acide acétique au bain de fer. Après une addition répétée d'acide, le mélange peut se faire sans qu'il se manifeste de réduction. A ce moment, le bain d'argent et le réducteur ferreux peuvent marcher ensemble, et il s'agit d'essayer avec le collodion.

Pour cela, il est inutile d'abord de tenter une épreuve; il suffit de verser sur une glace une larme de collodion, et, après sensibilisation, de tremper la larme à moitié dans le bain de fer, et de voir si, après un séjour de quelques minutes, la partie immergée dans le bain de fer s'est voilée; si le voile ne se produit pas, on peut procéder à la formation d'une image et l'on est sûr qu'elle sera pure.

Ceci s'applique à tous les sels de fer, aussi bien au proto-nitrate et au proto-acétate qu'au proto-sulfate.

Pour obtenir des épreuves métallisées en blanc, il faut

faire usage exclusivement d'acide sulfurique et d'acide nitrique; l'acide acétique, de son côté, donne plus de finesse et des noirs intenses.

La préparation du proto-nitrate et du proto-acétate de fer se fait par double décomposition, en mêlant des solutions obtenues d'équivalents de chaque sel. Les sels de plomb sont les plus solubles et les plus commodes à employer, à cause de la séparation rapide de son sulfate dense.

Proto-nitrate de fer.

Ajoutez d'une part, à un litre d'eau ordinaire, deux cents grammes de nitrate de plomb pulvérisé, et d'une autre part, à la même quantité d'eau, cent quatre-vingts grammes sulfate de fer ordinaire, aussi pulvérisé. Après battage, et chaque sel étant complétement dissous, mêlez ensemble les deux solutions, battez de nouveau, laissez réagir et poser un quart d'heure, puis filtrez au papier.

Vous obtiendréz un liquide faiblement teinté en jaune. Pour les deux litres, vous ajouterez vingt gouttes d'acide nitrique concentré. Le proto-nitrate, ainsi préparé, se conservera très-longtemps sans se décomposer; sans acide, il se troublerait, déposerait du peroxide de fer et ne marcherait plus.

Le bain d'argent, qui convient pour le proto-nitrate,

est celui préparé avec le nitrate d'argent cristallisé.

Proto-acétate de fer.

Ce produit se prépare exactement comme le précédent, avec cette différence qu'il faut employer deux cent quarante grammes acétate de plomb cristallisé, en place de deux cents grammes de nitrate de plomb. Le proto-acétate formé est acidulé aussi bien par l'acide acétique que par l'acide nitrique.

Ces liquides révélateurs se versent sur la glace, absolument comme l'acide pyrogallique après addition d'une faible quantité de nitrate d'argent et de quelques gouttes d'alcool pour faciliter l'imbibition.

Filtration.

La filtration est la préparation la plus importante de la photographie; il faut y avoir recours à tout moment si l'on veut obtenir des épreuves d'une grande pureté.

Les liquides employés en photographie doivent, autant que possible, être privés de tout corps solide en suspension, même des plus minimes. Les corps nageant dans les liquides, en se posant sur les épreuves, produisent des taches et sont autant à redouter que les poussières de l'air : la filtration soignée les fait complétement disparaître.

Les liquides se filtrent soit au papier, soit au coton.

Pour les préparations à l'eau qui exigent une limpidité parfaite, un filtre en papier est indispensable; mais pour le collodion on ne peut employer que le coton (1), et un entonnoir garni de coton est aussi très-commode et suffisant pour le bain d'argent, par la facilité qu'il procure de verser le contenu de la cuvette dans l'entonnoir sans en répandre et sans craindre de défoncer le filtre.

La seule précaution à prendre pour l'emploi du coton est de l'engager dans le canal de l'entonnoir qui, à cet effet, doit être coupé court pour permettre de tirer le coton et le faire dépasser; il faut aussi dégraisser le coton en l'humectant avec de l'alcool, sans cela le liquide pourrait ne pas le mouiller.

Pour le filtrage du collodion il faut aussi disposer le le coton comme je viens de le dire, mais il est inutile de passer l'alcool, le collodion par lui-même imbibe parfaitement par le coton.

Il vaut certainement mieux laisser le collodion déposer et le transvaser ensuite; mais quand on est pressé, le collodion récemment préparé s'égalise par un filtrage au coton, pourvu qu'il soit exempt de parties gommeuses; dans ce cas le filtre en coton est aussitôt masqué et la filtration s'arrête.

(1) Le collodion se filtre très-bien au papier, quand on emploie un filtre ployé en quatre avec un excès d'éther.

Il faut avoir soin de couvrir l'entonnoir d'une glace pour empêcher l'évaporation.

Pour tous les filtrages, l'entonnoir doit être posé sur un vase à large goulot, afin de le maintenir solidement et laisser un libre dégagement à l'air, à moins d'employer un support à entonnoir; mais pour le collodion et pour le bain d'argent aussi, le flacon à large goulot est préférable, afin d'empêcher pour le collodion sa trop grande concentration et pour le bain d'argent donner plus de facilité dans le maniement.

Fluor.

Corps simple de la chimie dont les propriétés sont inconnues, par la raison qu'il n'a pu encore être isolé. La difficulté de sa réduction vient principalement de l'action énergique que son acide exerce sur le verre, de façon à lui enlever immédiatement sa transparence : par ce fait les vases en verre sont assimilés aux vases en métal qui ne laissent rien voir.

Il y aurait un moyen de tourner la difficulté, moyen que j'ai indiqué il y a quinze ans à Louyet, jeune savant belge, qui voulait faire des recherches pour obtenir le fluor, puisque l'acide fluorhydrique détruit le verre, principalement en raison de la silice qui le compose en majeure partie, il faudrait faire des tubes et et des ballons en verre dans lequel la silice serait

remplacée par l'acide borique, l'acide phosphorique, l'alumine et le fluorure de calcium.

Puisque le fluor est inconnu, c'est une bonne raison pour que la connaissance de ce corps n'intéresse en rien les photographes; mais à l'état de combinaison et faisant naturellement suite aux iodures, chlorures et bromures, les fluorures méritent la plus grande attention, d'autant mieux que plusieurs photographes de distinction ont annoncé que l'emploi des fluorures était suivi d'une sensibilité hors ligne.

Fluorure d'argent.

Il paraît exister deux combinaisons du fluor avec l'argent, car si l'on ajoute du nitrate de chaux à du fluorure d'argent soluble, il se forme un précipité insoluble dans l'ammoniaque. Un précipité analogue se forme en versant un fluorure alcalin soluble dans du nitrate d'argent, et le collodion pharmaceutique fouetté avec du fluorure de sodium se sensibilise au bain d'argent, mais il ne donne pas d'image par excès de sensibilité; le liquide révélateur fait déposer sur toute la surface de la plaque une pellicule d'argent réduit d'un beau rouge par transparence. En saturant l'acide fluorhydrique avec du carbonate d'argent, on obtient le composé soluble qui est même déliquescent; celui-ci, concentré par la chaleur, se décompose en partie et

tapisse la capsule d'argent métallique. Quelques photographes ont attribué une extrême sensibilité à l'addition des fluores alcalins dans le collodion ou le papier; on pourrait le nier, en s'appuyant sur le témoignage constant des chimistes qui ne parlent que du fluorure soluble; mais l'existence du fluorure insoluble change tout à fait la question et prête un grand intérêt à l'étude attentive de ces composés qui, employés convenablement, peuvent amener un progrès inattendu. L'acétate de plomb neutre, ajouté au collodion pharmaceutique, m'a présenté exactement le même résultat que le fluorure de sodium; dans l'un et l'autre cas, la plaque était pour ainsi dire transparente ou si faiblement opaline que cela n'était visible qu'à la partie inférieure formant bourrelet et goutte.

Gélatine.

La gélatine, vulgairement colle forte, se gonfle dans l'eau froide sans s'y dissoudre, mais l'eau bouillante la dissout parfaitement; dans ce cas, elle se prend en gelée par le refroidissement. Ce phénomène a lieu quand l'eau ne contient que 1 p. 100 de gélatine. L'alcool est presque sans action sur elle; le tanin précipite la gélatine de sa dissolution aqueuse la plus étendue et la rend imputrescible; cette propriété pourra être mise à

profit pour substituer la gélatine à l'albumine afin d'obtenir des négatifs sur verre.

Glycérine.

La glycérine est une substance semi-oléagineuse qui fait partie des corps gras à l'état naturel. Elle sert en quelque sorte de base aux acides gras ; de sorte qu'en saponifiant les huiles ou les graisses, elle cède la place aux alcalis ou aux oxydes métalliques, et se trouve en solution dans l'eau mère.

Pour la préparer, il suffit donc de faire réagir la chaux vive ou l'oxyde de plomb sur les corps gras, puis de concentrer l'eau mère après l'avoir débarrassée de la chaux ou de l'oxyde de plomb, qu'elle retient en faible quantité après la première opération.

L'eau, en s'évaporant, laisse la glycérine à l'état sirupeux et faiblement colorée en jaune ; elle est très-soluble dans l'eau et l'alcool, mais l'éther ne la dissout pas.

D'après cela, la glycérine présente beaucoup d'analogie avec l'eau ; elle en diffère par son point d'ébullition qui est beaucoup plus élevé. Ce rapprochement avec l'eau doit s'entendre au point de vue photographique, c'est-à-dire qu'elle pourrait être ajoutée dans plusieurs cas : au bain d'argent pour retarder l'évaporation à la surface du collodion sensibilisé, aux agents révélateurs pour aider à l'imbibition des glaces, et au

collodion en petite quantité pour augmenter sa porosité.

Gutta-Percha.

La gutta-percha, par la propriété qu'elle possède de se ramollir par la chaleur de l'eau bouillante et de pouvoir en cet état se mouler avec la plus grande facilité, est une substance qui présente un haut degré d'utilité.

On en fait déjà des bassines, des auges et des entonnoirs qui, par leur légèreté et leur absence de fragilité, font de nécessité partie du bagage du photographe ambulant.

La gutta-percha seule peut permettre au photographe de construire lui-même une foule d'ustensiles. Par exemple, il manque de cuvettes à développement d'une faible capacité et à fond parfaitement plat, pour employer le moins de liquide possible, et que chacun pourra faire en procédant comme suit:

Supposons qu'on veuille faire une cuvette à développement pour des glaces de stéréoscope : on appliquera à chaud sur une glace ayant 3 centimètres en plus que la largeur et la longueur des glaces pour stéréoscopes, des bandes de gutta-percha larges de 1 centimètre qui borderont la cuvette, et par ce moyen on aura un vase parfaitement approprié à son objet et occupant le moins de place possible.

En plaçant cette cuvette sur une feuille de papier blanc, chaque fois qu'on aura une image à développer, on suivra sans difficulté toutes les phases de l'opération, sans perdre de liquide par épanchement.

Hyposulfite de soude.

Ce sel est d'un emploi très-fréquent en photographie, il sert dans tous les cas à dissoudre les composés d'argent insolubles non impressionnés par la lumière.

J'ai cru pendant longtemps que l'hyposulfite ne touchait en rien aux linéaments d'une image sur collodion; j'avais conclu cela d'images de la plus grande délicatesse qui, lavées dans une solution concentrée d'hypo, avaient conservé leur perfection toute aérienne; mais je n'avais pas fait attention que ces images, obtenues par développement au sulfate de fer, étaient formées exclusivement par de *l'argent métallique*. Ainsi donc l'hyposulfite n'altère en rien les images composées par de l'argent réduit, contrairement au cyanure; mais, pour tous les composés intermédiaires il se forme un départ.

Je savais bien que l'hyposulfite quelconque ronge sans cesse les épreuves sur papier, qu'on y laisse séjourner, et j'avais pensé que les épreuves sur glace, étant de toute autre nature, ne subissaient pas ce fâcheux affaiblissement. Il m'a fallu produire à certains

moments des épreuves très-fines et d'un jaune rougeâtre que l'hyposulfite a fait rapidement disparaître, pour attirer mon attention sur ce sujet; il me reste prouvé aujourd'hui que l'hyposulfite amoindrit toujours les épreuves *non métallisées ;* il est donc urgent d'y substituer un remplaçant, et dans tous les cas, en attendant, on devra employer la solution très-faible et laver sans tarder.

Iode.
Eq. 15,8.

Corps simple de la chimie, naturellement à l'état solide en cristaux lamelleux spéculaires d'un noir bleuâtre, dont la densité est de 4,95, il fond à 107° en émettant des vapeurs d'un violet intense; il bout entre 175 et 180°; il est presque insoluble dans l'eau qu'il colore à peine en jaune ; l'alcool et l'éther le dissolvent en toutes proportions.

L'argent poli que l'on soumet à la vapeur spontanée, se couvre d'une pellicule qui prend successivement toutes les couleurs du spectre, en commençant par le jaune, passant à l'orangé, au bleu, puis au violet qui est suivi d'une teinte grise métallique donnant une nouvelle série de couleur jaune, orangé, etc. C'est la couche sensible de Daguerre, écran dont la délicatesse de texture était tout-à-fait en rapport avec celle

de l'agent lumineux qui devait s'exercer à sa surface, et de l'effluve mercurielle développant les images.

Depuis, M. Niepce de Saint-Victor a découvert une propriété bien remarquable des émanations de l'iode, qui consiste à se porter de préférence sur les corps noirs, exclusivement aux corps blancs, ce qui, en d'autres termes, signifie sur les corps d'une divisibilité infinie, exclusivement aux corps à texture continue : en un mot, sur les corps poreux de préférence aux corps divisés et compactes; selon toute probalité cette propriété est générale pour tous les corps gazeux, et le charbon l'avait déjà prouvé.

Iodure d'argent.

L'iodure d'argent se produit par addition d'un iodure soluble à la solution d'un sel d'argent ; cet iodure est d'un jaune vif, quand l'iodure soluble est en excès, et d'un jaune pâle quand c'est le sel d'argent.

Cet iodure est très-soluble dans l'iodure de potassium, surtout à chaud, dans une solution concentrée de cet iodure alcalin. Une addition d'eau précipite la majeure partie de l'iodure d'argent. C'est un moyen excellent de préparer le papier pour négatifs ; le papier mouillé avec une solution d'iodure de potassium et passé au bain d'argent, après dessiccation, laisse précipiter à la surface l'iodure d'argent, très-adhérent, sans emploi

d'albumine, et le nitrate d'argent demeuré en excès procure une très-grande sensibilité.

L'iodure d'argent est aussi soluble dans les sels argentiques, surtout dans le nitrate d'argent; c'est ce qui oblige de saturer le bain d'argent d'iodure d'argent, avant de l'employer à sensibiliser le collodion et l'albumine. Quand on verse la liqueur révélatrice sur les plaques impressionnées, l'iodure d'argent qui se précipite à l'état naissant par suite de la dilution du bain d'argent adhérent à la glace entre pour beaucoup dans le développement de l'image.

Iodure de potassium.

Eq. 20,75 très-soluble

Cet iodure dissout très-bien l'iodure d'argent, surtout à chaud, au point de cristalliser en formant un composé défini renfermant une molécule de chaque iodure, soit ag. 1 K 1. L'iodure de potassium possède la propriété très-remarquable de décolorer, sous l'influence de la lumière, l'iodure déjà noirci et même les autres composés d'argent insolubles déjà modifiés par la lumière, ce qui a permis de produire par ce moyen des images positives à la chambre obscure.

Lumière.

La lumière est l'agent principal de la photographie; elle se produit toutes les fois que la matière subit un ébranlement au maximum d'intensité. C'est ce qui arrive pendant la conflagration électrique et moléculaire du foyer de conflagration ; la lumière jaillit en toutes directions, c'est-à-dire qu'à ce foyer, il se produit un ébranlement qui se propage de proche en proche sous forme de lumière, absolument comme le son d'une cloche se propage au moyen de l'air, avec cette différence que l'éther seul est capable de propager la lumière, tout comme les corps gazeux liquides et solides sont seuls capables de transmettre le son d'une cloche.

On connaît la vitesse de propagation de la lumière et la longueur de ses ondulations pour une couleur déterminée, tout comme on connaît la vitesse du son dans l'air et à travers les autres matières et la longueur d'ondulation du son pour une note déterminée. Seulement, cette note ne peut être déterminée avec autant de précision qu'une couleur qui se voit avec la dernière évidence, seule et sans la comparer à rien ; tandis qu'un son n'a pas de nom spécial, et n'existe que par sa comparaison avec d'autres sons.

Ainsi, dans ce moment, je vois un objet peint en rouge, et je sais que le rouge provient des particules

colorantes qui couvrent l'objet, et ces particules me paraissent rouges, uniquement parce qu'elles sont éclairées et que la texture du corps est telle que leur molécule ne peut répéter que les ondulations lumineuses qui caractérisent la lumière rouge. Partout où pénètre la lumière, nous pouvons donc discerner du premier coup d'œil la faculté de chaque matière pour répéter immédiatement une vibration spéciale, à les répéter toutes comme les corps blancs, ou à n'en répéter aucune comme les corps noirs.

Dans tous les cas, la lumière est toujours accompagnée de chaleur; mais, ce qui est plus fort, l'agent vraiment photographique n'est pas précisément la lumière proprement dite, mais il est toujours accompagné de lumière aussi bien que de chaleur.

En étalant un faisceau de lumière par son passage à travers un prisme de verre, les éléments de la lumière se trouvent séparés et disposés en éventail avec la plus grande précision. C'est ce qu'on nomme le spectre. A une extrémité, sont les rayons de chaleur, dont le maximum est en dehors de la partie visible, et à l'autre extrémité sont les rayons actiniques, dont le maximum est aussi en dehors de la partie visible.

D'après tous les essais faits jusqu'à ce jour, la chaleur seule ne produit aucun effet photographique, non plus que les rayons rouge, jaune et vert, lorsqu'ils sont seuls; mais ils concourent par une action spéciale à

augmenter l'effet des rayons actiniques. Ainsi, l'activité photographique allant toujours croissant à partir des rayons calorifiques jusqu'aux rayons actiniques, et la longueur d'ondulation allant toujours en diminuant, et, par suite, la rapidité d'ondulation allant toujours en augmentant des rayons calorifiques aux rayons actiniques, il s'en suit que les rayons actiniques doivent leur puissance à l'énergie avec laquelle ils ébranlent les atomes.

Pour nous former une idée de la vélocité de ces ébranlements, calculons approximativement le nombre d'ondulations que le rayon rouge, presque inactif, exécute dans un intervalle de temps égal à un cent millionième de seconde; nous trouvons à peu de chose près le chiffre cinquante millions : ainsi, dans un intervalle de temps qui effraye la pensée par sa petitesse, le rayon rouge exécute un nombre d'ondulations qui dépasse l'imagination, car au delà du nombre d'ondulations que nous pouvons pour ainsi dire suivre de l'œil, comme celui d'une corde musicale du plus gros calibre qui n'atteint pas 50 ondulations par seconde, nous cessons de rien voir : la chanterelle du violon vibre aussi, nous ne voyons rien, mais nous entendons le son résultant de ses vibrations qui s'élève à plusieurs milliers par seconde.

Les vibrations, à force de se multiplier, cessent de produire des sons musicaux : après les sons aigus, qui

déchirent pour ainsi dire l'ouïe, il y a les sifflements et les sons secs, comme celui du fouet et de la poudre fulminante, qui terminent la série des sons.

Les vibrations qui produisent les sons sont des déplacements de masses. Pour passer des mouvements de masse aux mouvements moléculaires, il y a une distance immense; c'est cette distance qui sépare les vibrations sonores des vibrations calorifiques; pour passer de nouveau des vibrations moléculaires aux vibrations des atomes dans la molécule, il y a encore un intervalle; c'est celui qui sépare le règne de la chaleur de celui de la lumière : entre le mouvement oscillatoire des atomes et celui primordial des particules éthérées qui engendre la pesanteur, il y a encore un intervalle; eh bien! les vibrations actiniques sont sur la limite; ce n'est ni de la lumière ni la vibration infiniment petite et infiniment rapide qui résulte de tous les ébranlements de l'espace matériel infini.

Cette vibration intestine se fait sentir partout; rien ne peut l'arrêter d'une façon appréciable, elle agit certainement sur les corps qui ne sont pas d'une stabilité absolue; et, dans notre langue, c'est ce que nous appelons le temps. Si un corps tend à se transformer, il lui faudra un temps assez long pour que la transformation s'effectue, et nous disons que cela s'est fait avec le temps; tandis que la vraie cause est l'ébranlement général de l'éther qui s'effectue en toute liberté entre

les atomes et agit sur ceux-ci comme l'ébranlement actinique sur les substances photogéniques.

Bien que le phénomène dépasse notre entendement, il est certain que quand nous voyons un corps qui nous présente une couleur bien caractérisée, nous percevons une sensation qui est en rapport précis avec le nombre d'ondulations qu'il transmet dans un instant donné infiniment court; et, bien que la différence d'ondulation entre deux corps de couleur différente soit en réalité infiniment petite et seulement assignable par le calcul, notre œil, par sa sensation, les distingue avec une netteté qui ne laisse rien à désirer.

Les substances photogéniques possèdent la même faculté que notre œil; elles sont insensibles à l'action du rouge, du jaune et du vert; tandis que le bleu, le violet, et surtout les rayons actiniques qui n'affectent aucune couleur visible, les impressionnent vivement.

Si nous pouvions séparer complétement les rayons actiniques des rayons colorés qui forment la lumière pour notre vue, et les projeter sur un corps quelconque, ce corps serait invisible pour nous, mais la substance photogénique, au moyen d'un objectif, produirait son image.

Je n'ai pas encore réussi à continuer sur le collodion humide une impression actinique, au moyen du verre rouge; M. Claudet prétend que, loin de continuer, le verre rouge détruit la première impression : les résul-

tats que j'ai obtenus ne peuvent pas être interprétés ainsi. Je pense qu'il doit exister des rayons capables de continuer l'impression sur collodion sensible, comme les rayons rouges continuent l'impression lumineuse reçue par l'iodure d'argent sur plaque daguerrienne : je suis porté à croire que les rayons que laisse passer l'argent en couche mince, et auxquels le papier au chlorure d'argent paraît insensible, produiront un effet de ce genre.

En résumé : l'agent réellement photographique n'est pas précisément la lumière; c'est la vibration actinique qui nous vient toujours accompagnée de lumière et de chaleur. Déjà on a dû en tenir compte pour les objectifs à foyer combiné qui exigent une grande précision de mise au point; le foyer chimique qui domine le foyer lumineux apparent, oblige en réalité d'opérer d'après la mise au point d'une image invisible.

Mercure.

Corps simple de la chimie, doué de l'éclat métallique au plus haut degré, d'une densité de 13,59, liquide à la température ordinaire, se congelant par un froid de 40° au-dessous de zéro et bouillonnant à 350°. Malgré le point élevé de son ébullition, sa volatilisation a lieu à toute température, car une plaque d'argent iodurée et impressionnée placée en regard d'une autre plaque

amalgamée revêt une image daguerrienne à la température ordinaire.

Dans le procédé de Daguerre, où la couche sensible est formée par un iodure et un bromure d'argent, une vapeur métallique intervient efficacement pour engendrer un sel double, dans lequel l'argent est remplacé en partie par le mercure; en raison de la décomposition partielle produite par la lumière, aucune autre substance métallique ne possédant une facilité de vaporisation comparable à celle du mercure, n'a pu être substituée à celui-ci.

Dans la photographie sur papier, les sels mercuriels sont employés à divers titres ; mais les produits ne conservent pas assez de fixité pour que leur usage ait été adopté dans la pratique courante.

Mesures de capacité.

Les mesures de capacité sont d'un emploi excessivement commode en photographie, pour les liquides bien entendu, permettant de se passer, dans une foule de cas, de l'usage de la balance.

L'unité pondérable dans le système français est le gramme, qui représente le poids d'un centimètre cube d'eau distillée, au maximum de densité et dans le vide.

Le kilogramme est alors le poids du décimètre cube d'eau dans les mêmes circonstances.

Au moyen de ces données, on peut toujours mesurer les liquides d'une densité approchant celle de l'eau en centimètres cubes qui représenteront à peu de chose près autant de grammes ; tel est la destination des pipettes et vases gradués qui donnent lieu à un mesurage très-expéditif et agréable à pratiquer.

Or.

Corps simple de la chimie, d'une couleur jaune caractéristique, aussi ductile que l'argent et d'une malléabilité parfaite. On peut le battre en feuilles d'un millième de millimètre d'épaisseur, et la pellicule d'or qui revêt certains fils d'argent doré est encore plus mince. Sa densité est de 19,3 ; il fond à la température d'environ 1,100 degrés du thermomètre centigrade.

L'or pur conserve tout son éclat à l'air ; lorsqu'il noircit sous cette influence cela est dû à l'argent qui lui est allié. Les acides simples ne l'attaquent pas, l'eau régale seule le dissout en formant un chlorure d'or très-soluble dans l'eau qui sert à produire tous les autres composés d'or. Le meilleur réactif de l'or en solution est le proto-chlorure d'étain, qui forme un précipité brun tirant quelquefois sur le violet. Le protosulfate de fer précipite de son côté l'or en paillettes

métalliques d'une extrême ténuité, qui paraissent jaunes par réflexion et violettes par transmission.

Oxygène.

Corps simple de la chimie, naturellement à l'état gazeux, d'une densité de 1,105, concourant pour une bonne part à la transformation des substances photogéniques pendant l'impressionnement et au développement des images par les modifications que son contact imprime aux agents révélateurs, et en agissant sans cesse sur la constitution des liquides employés en photographie qui subissent son influence.

Formant la cinquième partie de la masse totale de l'air on ne peut songer à l'écarter, tout comme aussi cette forte proportion est presque l'équivalent de l'emploi de l'oxygène pour une action lente, ce qui a banni toute idée de remplacer l'air par l'oxygène dans n'importe quelle opération photographique où l'air intervient naturellement.

Phosphore.

Métalloïde incolore et translucide absolument comme la cire vierge à l'état de pureté et de même consistance. Sa densité est de 1,8, il fond vers 45° et bout à 290°.

Au voisinage de sa température de volatilisation, le

phosphore se concrète et prend une couleur rouge, sans changer sa composition chimique; c'est toujours du phosphore pur, mais sa molécule a changé de contexture; c'est le phosphore *amorphe*, qui a subi dès lors un affaiblissement considérable dans ses affinités, il est devenu à peine combustible, cesse d'être un poison et de pouvoir se dissoudre dans le sulfure de carbone.

Le phosphore naturel est remarquable par son affinité pour l'oxygène qui le rend combustible au plus haut degré, il se dissout en faible proportion dans l'alcool, et l'alcool ainsi chargé de phosphore est un agent réducteur qui pourra un jour être utilisé en photographie.

Comparaison des poids et mesures des pays Étrangers avec les poids et mesures de France.

ANGLETERRE

	lit.	
Gallon impérial.	4	543
Pint (1/8 de gallon)	0	568
	gr.	
Livre troy impériale.	373	232
Once (12ᵉ de livre)	31	103
Grain (1/480 d'once).	0	064798
Livre avoir du poids.	453	593
Once (1/16 de livre)	28	349
Dram (1/16 d'once)	1	772

ALLEMAGNE

Marc de l'association douanière. .	233	855
Autriche livre.	560	012
Bavière livre.	560	000
Hanovre livre.	486	652

HOLLANDE

Livre de 10 onces	1000	000
Once ou gros	100	000
Wigte ou esterling	1	000
Korrel	0	100

RUSSIE

Livre, 9216 doli	409	512
Solotnic, 96 doli	4	266
Doli	0	044
Espagne livre	460	090
Piémont libbra	368	875
Prùsse { marc	233	855
{ livre	467	702

Poids des pièces de monnaie françaises pouvant servir à peser

MONNAIE DE BRONZE

Pièce de 1 centime   1 gramme   diamètre 15^{mm} 0
— 2 centimes   2 grammes diamètre 20^{mm} 0
— 5 centimes   5 grammes diamètre 25^{mm} 0
— 10 centimes 10 grammes diamètre 30^{mm} 0

MONNAIE D'ARGENT

Pièce de 20 centimes 1 gramme
— 1 franc   5 grammes
— 2 francs 10 grammes
— 5 francs 25 grammes

MONNAIE D'OR

Pièce de 20 francs 6^{gr} 451^{m}
— 10 francs 3^{gr} 225^{m}
— 5 francs 1^{gr} 612^{m}

Pyroxiline.

Le collodion, employé aujourd'hui en photographie

avec tant de succès comme support de la couche photogénique, est composé de pyroxiline dissoute dans l'éther alcoolisé.

– La bonne qualité du collodion dépend de celle de ses ingrédients. Le collodion, pour être bon, doit être d'une transparence parfaite, avoir beaucoup de cohésion et se trouver neutre à l'essai du papier réactif.

Pour y réussir, il faut surtout employer de l'éther et de l'alcool rectifiés récemment sur du chlorure de calcium ; c'est le moyen de leur enlever l'eau et l'acide qui détruisent rapidement la tenacité du collodion, il faut surtout employer de la pyroxiline préparée et lavée avec soin.

– La pyroxiline est le coton fulminant qui résulte de l'action de l'acide azotique mono-hydraté sur le coton ; cette pyroxiline est de deux sortes : l'une, réellement fulminante, rude au toucher et se dissolvant à peine dans l'éther alcoolisé, est impropre à préparer le collodion ; l'autre, qui brûle en fusant et se dissout facilement dans l'éther alcoolisé, est le fulmi-coton photographique.

A l'époque de sa découverte j'ai beaucoup étudié la pyroxiline et j'ai parfaitement remarqué ses diverses sortes.

Voulant préparer une pyroxiline très-violente, j'ai mêlé de l'acide nitrique mono-hydraté, non pas avec l'acide sulfurique concentré ordinaire, mais bien avec

l'acide sulfurique presque anhydre (dit acide sulfurique de Nordhausen); le coton trempé dans le mélange, après son refroidissement, et retiré aussitôt après son imbibition et lavé à grande eau, est devenu du coton *fulminant* ; tiré avec un pistolet, il l'a brisé du premier coup.

Voulant aller plus loin encore, j'étais en train de brasser un mélange de chlorate de potasse et d'acide sulfurique, pour y introduire du coton, lorsque M. Milon, qui m'avait ouvert son laboratoire, arriva heureusement pour m'apprendre que je courais grand risque d'être aveuglé par une explosion imminente, et s'empressa de jeter dehors ma préparation, qui déflagra avec violence en touchant le sol.

Ainsi donc la pyroxiline fulminante, qui ne convient pas à la photographie, se prépare avec des acides fortement concentrés, tandis que la pyroxiline fusante, qui se dissout bien dans l'éther alcoolisé, doit se préparer avec des acides légèrement dilués.

C'est d'après le conseil de M. Milon que j'ai préparé pour la première fois la pyroxiline, en mêlant du salpêtre à l'acide sulfurique. Cette préparation, qui, suivant la théorie, devait donner exactement le même produit que le mélange de l'acide sulfurique avec l'acide nitrique mono-hydrate, donna toujours un fulmicoton fusant, impropre à l'usage des armes à feu, mais

très-convenable pour le tirage des mines et pour préparer le collodion.

La découverte du pouvoir dissolvant de l'éther alcoolisé sur la pyroxiline a été faite par MM. Florès, Domonte et Ménard, élèves de M. Pelouze. De mon côté, j'en formai le premier des pellicules transparentes, en versant la solution filtrée sur une lame de verre.

Puisque la pyroxiline photographique est la qualité fusante qui exige l'emploi d'acides dilués, le meilleur procédé pour la préparer doit être celui de M. Laporte, de Roanne, qui ajoute au mélange de salpêtre et d'acide sulfurique une certaine proportion d'acide azotique à 40° : par ce moyen, il obtient facilement un mélange plus fluide, qui prête moins au dégagement du gaz nitreux et doit donner un coton plus facilement soluble dans le véhicule éthéré. M. Laporte a opéré sur l'azotate de soude; mais l'azotate de potasse produira exactement le même effet ; seulement l'azotate de soude est moins cher à poids égal, et son équivalent plus faible permet d'en employer aussi une moindre quantité pour le même effet.

Je dis que l'azotate de soude doit produire le même effet, parce que c'est un sel anhydre, comme l'azotate de potasse, et le sulfate de soude produit sera aussi anhydre, comme le sulfate de potasse, le sulfate de soude cristallisant sans eau de combinaison à une température supérieure à 33° centigrades.

Pour préparer du coton azotique, il faudra donc verser dans :

    300 grammes acide sulfurique concentré.
    100   —   azotate de soude pulvérisé ou 125 grammes salpêtre.

Et quand le mélange, brassé avec une baguette de verre, se sera refroidi, en l'ayant tenu couvert, vous ajouterez 100 grammes d'acide azotique concentré du commerce. Brassez encore, et quand la préparation se sera refroidie de nouveau, vous pourrez y introduire peu à peu du coton neuf bien net, en le tassant fortement avec une baguette de verre; vous en introduirez autant que vous pourrez en imbiber dans le vase qui contiendra le mélange acide, et dès que l'imbibition sera jugée parfaite, vous pourrez retirer le coton, car l'action chimique est instantanée.

A ce moment, vous verserez le magma dans un grand vase plein d'eau, où vous éparpillerez le coton. Après avoir renouvelé l'eau, vous pourrez rassembler le coton avec la main et le malaxer dans cette seconde eau. Le troisième lavage se fera dans un vase plus petit, sous un robinet, jusqu'à ce que l'eau exprimée ne rougisse plus le papier de tournesol ; et, finalement, vous ferez bouillir le coton avec de l'eau additionnée d'une petite quantité d'ammoniaque.

Après cette dernière opération, le papier lavé de nouveau à grande eau sera mis à sécher spontanément

en l'étalant en petits flocons sur du papier buvard ; mais il sera bon d'achever la dessiccation dans un endroit chauffé à 80 ou 100 degrés au plus.

Soleil.

La lumière émanée de cet astre est la base principale de la photographie ; dès qu'il se montre à l'horizon, le photographe se met à l'œuvre. En voyant son disque borné, on se figure difficilement son immensité et sa puissance : cependant, si l'on représentait la terre par une petite noisette, le soleil serait une sphère d'un mètre de diamètre capable de renfermer dans son sein un million de ces noisettes entières ; mais son volume réel est quinze cent mille fois aussi grand que celui de la terre ; il a par conséquent presque un million de lieues de tour.

Son éclat est encore plus surprenant ; au moyen de certains artifices de photométrie, on est parvenu à constater que la clarté solaire est égale à celle que produiraient cinquante mille bougies à la distance d'un mètre, en les supposant réunies en une seule ; et comme la flamme d'une bougie représente une surface de quatre centimètres carrés, tandis qu'un disque d'un centimètre carré vu à la distance d'un mètre représenterait sensiblement le disque du soleil tel qu'il nous apparaît, puisque le diamètre du soleil est égal à la

centième partie de sa distance moyenne à la terre; il s'ensuit que la flamme d'une bougie est deux cent mille fois moins lumineuse que la surface du soleil.

Cependant la flamme d'une bougie représente notre premier degré de chaleur blanche; quand sur les parois d'un four on projette la flamme d'une bougie en constatant égalité entre les parois et la flamme, on peut dire que le fourneau est chaud. C'est la température de fusion de l'or, mais nous pouvons arriver au blanc éblouissant, qui est la température de fusion du platine. A partir de ce point, les corps acquièrent une grande intensité lumineuse. La lumière électrique seule se rapproche un peu de l'éclat solaire, un disque de 3 millimètres éclaire souvent à un mètre autant que 2,000 bougies; pour un centimètre, ce serait environ 25 mille bougies à un mètre, ce qui représente le 1/2 de l'intensité solaire.

Lune.

Il a fallu encore encore recourir à la photométrie pour obtenir le rapport qui existe entre la clarté lunaire et la clarté solaire, tant on serait loin de le soupçonner par estimation. On a constaté que la lune dans son plein éclaire à peu près comme une bougie à la distance de deux mètres et un tiers, environ trois cent mille fois moins que le soleil.

A la distance où nous sommes de la lune, la lumière qu'elle réfléchit est étalée sur une surface soixante mille fois plus grande; pour être réduite au trois cent millième, il faut que la réflexion lui fasse perdre les quatre cinquièmes de sa puissance; et si elle est encore de trois cents millièmes pour l'éclat, il est probable que comme effet actinique elle se trouve encore bien au-dessous; en poussant l'affaiblissement sous ce rapport jusqu'au millionième, on serait, je crois, très-près de la vérité; voilà pourquoi il a été si difficile, dans le principe, d'obtenir le disque de la lune; mais, la sensibilité aidant, on a reconnu que la surface de la lune est exactement aussi lumineuse qu'un nuage éclairé par le soleil, ce qui se sent à première vue; ainsi, réciproquement, la surface d'un nuage éclairé par le soleil qui marque instantanément aujourd'hui est trois cent mille fois moins lumineuse que le disque solaire.

Étoiles.

Les étoiles sont, à n'en pas douter, des soleils dont la plupart dépassent de beaucoup le nôtre en grandeur et en éclat. Leur immense éloignement est la seule cause de l'anéantissement presque total de leur lumière. Les étoiles les plus voisines sont cinq cent mille fois plus éloignées que le soleil, et les plus reculées sont des millions de fois plus éloignées que les plus voisines.

La clarté totale des étoiles, qui sont certainement en nombre infini, serait tout au plus capable de noircir sensiblement un papier positif exposé durant tout un hiver au pôle, où le firmament luit dans toute sa magnificence.

Soufre.

Corps simple de la chimie, de couleur jaune, solide, cassant, d'une densité de 2,09, fusible à 115° et bouillant à 440°.

Le soufre, sous l'influence de la chaleur, présente une certaine analogie avec le phosphore; comme celui-ci, il devient rouge et s'épaissit à mesure qu'il approche davantage de son point de volatilisation. Selon toute probabilité, le soufre mou doit posséder des affinités chimiques beaucoup plus faibles que le soufre naturel.

Jusqu'à ce jour le soufre a été un obstacle plutôt qu'un secours dans les opérations photographiques; mais qui sait si son rôle ne changera pas un jour?

Titrage et essai de l'azotate d'argent.

L'azotate d'argent, en raison de son prix élevé, est souvent falsifié. Les fabricants de produits chimiques ont trouvé moyen d'introduire des sels étrangers, tant dans l'azotate cristallisé que dans l'azotate fondu.

Le meilleur procédé à employer est le procédé par voie humide, qui est suivi à la Monnaie pour analyser l'argenterie du commerce : il consiste à mesurer la quantité de liqueur titrée (eau tenant en solution du chlorure de sodium) qui est nécessaire pour précipiter tout l'argent à l'état de chlorure.

Ces liqueurs titrées peuvent se préparer à tous les degrés ; et, pour plus de facilité dans le mesurage, nous le ferons très-faible, c'est-à-dire renfermant dans un décilitre la quantité de sel nécessaire pour précipiter l'argent contenu dans un gramme d'azotate.

Les équivalents du chlorure de sodium et de l'azotate d'argent étant respectivement 7,30 et 21,24, pour savoir la quantité de sel qui doit correspondre à 1 gr. d'azotate d'argent qui est pris pour unité, il faut diviser 730 par 2124, ce qui donne 0 gr. 343 pour 1 décilitre et 3 gr. 43 pour 1 litre.

Afin de ne pas se tromper sur la qualité du sel, le plus prudent est d'employer du sel commun en gros cristaux (sel gris), qui doit sa couleur à une très-faible proportion d'argile qu'il prend dans les aires où l'on évapore l'eau de mer. En employant le sel blanc et fin, on courrait le risque d'avoir une quantité notable de sels étrangers également introduits en fraude. Avant de le peser, il faudra aussi le dessécher en le chauffant jusqu'au rouge ; car, indépendamment de l'eau hygrométrique, les cristaux ont toujours des cavités pleines

d'eau qui produisent sa décrépitation sous l'influence de la chaleur.

La dissolution du sel se fera, bien entendu, dans de l'eau distillée, et, en filtrant au papier, on obtiendra un liquide limpide qui laissera son limon sur le filtre, en proportion assez faible pour être négligée.

Ayant donc dissous un gramme d'azotate d'argent dans de l'eau distillée, on y ajoutera peu à peu de la liqueur titrée jusqu'à ce que celle-ci cesse de causer un précipité; l'opération étant faite et ayant pris, pour opérer, un décilitre de liqueur titrée, on verra de suite, par le reste, à quel titre est l'azotate d'argent. Si, par exemple, il reste 30 centimètres cubes, sur 100 d'azotate d'argent, il n'y aura en réalité que 70 parties de ce sel; et les substances étrangères seront représentées directement par les 30 centimètres cubes non employés.

Un seul métal pourrait rendre ce procédé fautif, c'est le plomb, qui donne aussi un précipité de chlorure presque insoluble avec le sel marin; mais ce chlorure résiste à l'ammoniaque, qui dissout rapidement le chlorure d'argent; il faudra donc, avant de se prononcer, essayer une faible partie du précipité avec l'ammoniaque en excès, pour voir si ce réactif le dissout entièrement.

Après cela, il y aurait lieu d'examiner quel est le sel introduit en fraude; mais cette recherche, qui exigerait ici une discussion de grande étendue, est de peu d'intérêt pour la photographie pratique.

Vernis pour négatif.

Les vernis employés pour garantir les négatifs sur glace sont de deux sortes, savoir : les vernis à l'eau, qui peuvent s'appliquer sur l'épreuve humide après le dernier lavage, et les vernis résineux, qui exigent une dessiccation parfaite du collodion.

Les vernis à l'eau sont formés par la gomme arabique, la dextrine et l'albumine : la dernière substance seule, par sa cohésion, peut rivaliser avec les vernis résineux, pourvu qu'on ait eu soin de la coaguler par la chaleur.

Les vernis les plus usités sont naturellement les vernis résineux, qui ont pour dissolvant l'alcool rectifiée et les huiles essentielles; les substances résineuses à employer sont :

La gomme laque claire,
La colophane,
Le copal,
L'ambre,
La résine de benjoin,
Le mastic,
La térébenthine de Venise.

La gomme laque, la colophane, la résine de benjoin, le mastic et la térébenthine de Venise se dissolvent très-bien et donnent un vernis transparent,

pourvu que l'alcool employé soit parfaitement rectifié. Pour que le vernis soit dur, la gomme laque doit être dominante; ce vernis se compose de :

    1 litre alcool
  100 grammes gomme laque jaune
   50   —   colophane
   25   —   térébenthine de Venise
   25   —   mastic

Le copal donne des vernis très-durs, mais il ne se dissout bien que dans les huiles essentielles de térébenthine, de lavande, la benzine, etc.; la benzine, en raison de la facilité que l'on a de se la procurer très-pure, convient parfaitement pour ce vernis, que l'on prépare avec :

    1 litre de benzine
  100 grammes copal tendre
   10   —   térébenthine de Venise

La térébenthine de Venise ou baume du Canada est, en quelque sorte, de la résine vierge alliée à une faible proportion d'essence de térébenthine résinifiée. On l'introduit dans la composition des vernis pour les rendre moins cassants. Au besoin, on peut remplacer cette substance par du galipot ou résine vierge.

Les vernis se préparent dans des matras en verre mince sur un feu doux, et se filtrent au coton comme le collodion.

Il s'en trouve dans le commerce une très-bonne qua-

lité, connue sous le nom de *vernis Schœnée*, du nom de son fabricant, qui est renommé pour ses vernis depuis bien longtemps. Ce vernis se verse sur la glace devenue tiède après avoir été asséchée à fond. Il paraît d'abord peu transparent, mais du jour au lendemain ses pores se serrent, et il acquiert une limpidité et un glacis remarquables.

RÉSUMÉ GÉNÉRAL
de la photographie.

Je vais terminer ce petit livre par une revue rapide des principes sur lesquels repose la photographie, et de toutes les difficultés qui se présentent dans la pratique.

Jusqu'à présent la photographie consiste en deux opérations distinctes, savoir : le travail à la chambre obscure pour obtenir des images directes, et le travail au châssis pour la multiplication des épreuves.

Le daguerréotype, fondé sur l'emploi de plaques métalliques impénétrables à la lumière, n'a pu servir que pour le travail à la chambre obscure ; il avait trois grands défauts : ses images étaient inverses, difficiles à voir à cause de leur miroitage, et impropres à être reproduites par impression.

Sa grande finesse, jointe à l'extrême rapidité dans la production des images, l'a fait néanmoins marcher pendant longtemps de pair avec la photographie sur papier; mais, après avoir atteint son dernier progrès, il a été enfin dépassé par la perfection toujours

croissante des épreuves sur verre et sur papier. Aujourd'hui, le daguerréotype est généralement abandonné; il n'est plus qu'une curiosité propre à figurer avec honneur dans l'histoire de la photographie.

Maintenant, la photographie sur verre et sur papier est pratiquée exclusivement; et, malgré la perfection de ses produits et la multiplicité des procédés et ses applications déjà mise au jour, nul ne sait ce que l'avenir nous réserve encore.

Avant la découverte du procédé d'impression de M. Talbot, le procédé sur papier était limité à l'obtention des images positives à la chambre obscure; il n'était lui-même qu'une curiosité : les épreuves ne pouvaient affronter le grand jour sans pâlir et s'effacer de plus en plus. L'épreuve négative avait déjà paru, mais on avait voulu l'éluder, faute d'en avoir compris l'importance. La conception de M. Talbot en a fait une matrice à imprimer, capable de produire à l'infini toutes les images naturelles que notre vue peut percevoir : dès ce moment la photographie sur papier et sur verre a été fondée, et ses progrès ont déjà dépassé toute prévision.

La photographie sur papier présente quelque analogie avec le daguerréotype : elle est fondée, comme celui-ci, sur l'impressionnement de l'iodure d'argent par la lumière; impressionnement purement latent qui ne produit des images qu'après avoir soumis la couche

photogénique à un **agent continuateur**. L'adjonction d'un bromure ou d'un chlorure dans la photographie sur papier, en raison d'un précédent heureux établi par le daguerréotype, n'a produit relativement qu'un avantage insignifiant.

La photographie actuelle consiste donc principalement à produire à la chambre obscure une image négative très-pure et le plus rapidement possible, et à tirer ces négatifs sur papier ou sur verre.

L'obtention des négatifs comprend deux opérations principales, savoir : la préparation de la couche sensible et le développement de l'image. La couche sensible est toujours fournie en grande partie par de l'iodure d'argent déposé sur un support en couche mince et uniforme, et dans un état particulier qui se produit toutes les fois que le nitrate d'argent est en excès, et qui ne montre une grande sensibilité à la lumière qu'en présence de cet excès de nitrate d'argent. Le développement de l'image lui-même ne se fait qu'aux dépens de la réduction du nitrate d'argent, se fixant à l'état métallique sur les parties modifiées par la lumière, qui deviennent autant de centres d'activité chimique.

Dans toutes les réactions l'eau est un élément important ; néanmoins on se dispense de la faire intervenir toutes les fois qu'on peut sacrifier la sensibilité à la commodité ; ainsi, on prend des négatifs sur pa-

pier sec et sur albumine desséchée, en compensant l'absence d'humidité sensible par une plus longue pose.

Avec des enduits secs on peut opérer au loin, faire durer la pose aussi longtemps qu'il est nécessaire, par suite employer des diaphragmes d'un très-faible diamètre, et reproduire les intérieurs aussi peu éclairés que l'on voudra.

Afin de se rapprocher autant que possible de la glace albuminée pour la production des négatifs et leur tirage, on enduit le papier d'une substance inerte capable de masquer ses pores et de lui donner de la transparence; c'est ce qu'on réalise par le cirage des feuilles avant d'y appliquer l'enduit photogénique. A cet égard, je répèterai ce que j'ai déjà dit, que vouloir faire pénétrer la substance photogénique dans l'épaisseur du papier et même la faire déposer des deux côtés, c'est s'écarter du but que l'on s'est proposé en cirant le papier.

Le papier ciré est excellent pour la reproduction des négatifs de grandes dimensions, et se prête avec facilité au transport. Dans les petits formats, il perd son avantage; sa finesse n'est plus suffisante, et l'on a recours aux glaces enduites d'albumine ou de collodion.

Dans la formation d'une couche photogénique pour négatif, on a cherché à réaliser l'enseignement puisé dans le daguerréotype. La couche d'iodure d'argent

qui se forme sur l'argent poli est d'une homogénéité, d'une pureté et d'une ténuité indéfinissables. Afin de s'y conformer le mieux possible en adoptant le papier ou le verre pour supports, on cire le papier pour égaliser sa surface, on nettoie la glace à fond pour en bannir toute matière étrangère, et pour retenir l'iodure on s'attache à déposer une pellicule d'albumine ou de collodion qui renferme par avance l'un des éléments de cet iodure; de sorte que toutes les couches sensibles doivent être considérées comme des réseaux à mailles très-fines qui sont tapissées d'iodure d'argent. Ceci se montre très-bien dans un négatif sur albumine, qui peut être frotté au pinceau à l'état encore frais, sans altérer en rien ses finesses.

Le nitrate d'argent coagule l'albumine avec énergie, et sans nul doute il se forme alors une combinaison sensible, car le papier albuminé, nitraté sans iodure et faiblement impressionné à la lumière, se transforme en négatif avec le gallo-nitrate d'argent. C'est la raison pour laquelle les glaces albuminées conservent une certaine sensibilité après un lavage prolongé.

Glaces albuminées.

Les épreuves sur glaces albuminées comprennent les négatifs et les positifs par transparence. La pose de l'albumine et sa dessiccation sont deux opérations déli-

cates qui exigent des soins infinis, mais après cela, tout le reste du procédé marche régulièrement sans le moindre embarras. La perfection des produits et leur solidité dédommagent ensuite amplement des peines prises en premier lieu.

La difficulté à enduire une glace d'albumine provient de la résistance que ce liquide visqueux montre à s'étendre sur le verre; elle ne s'étale pas en rond comme le collodion, et quand on veut la faire couler en nappe, elle se divise en filets, à moins d'en verser une quantité considérable. En général, on est avare d'une préparation qui a exigé beaucoup de temps et qu'on ne possède pas en grande quantité; dans ce cas, qui est le plus ordinaire, on ne verse sur la glace que la quantité capable de la couvrir en entier, et l'on est obligé de conduire la nappe sur toutes les parties de la glace avec une baguette cylindrique de verre ployée à angle droit. Il est important de verser sans former de bulles, car ces bulles ne crèvent jamais d'elles-mêmes, et quand il s'en présente, on est obligé de les amener au bord et de les expulser avec la pointe du tube. Le plus grand ennemi de l'albumine est la poussière; il est impossible de l'en garantir absolument, mais, pour éviter les particules les plus grossières, il est indispensable de procéder à l'application de l'albumine dans une chambre close et dans un air calme. Chacun a pu se convaincre, en voyant l'air éclairé par un rayon de soleil, de la

permanence des poussières dans sa masse; mais, dans un air calme, les portions filamenteuses n'existent pas, et ce sont celles-ci qui, en s'abattant sur la plaque, y forment infailliblement une protubérance du liquide. Toute glace nettoyée à fond, devenue électrique par le frottement, en fixe une multitude sur sa surface, et il faut toujours, avant de verser l'albumine, en débarrasser la glace avec un pinceau doux affecté à cet usage. Quand l'albumine a été versée, en regardant sa surface à un jour fusant, quelque précaution qu'on ait pris, on distinguera toujours quelques saillies de la couche causées par les poussières; il faudra, sans tarder, les expulser comme les bulles d'air, en les amenant au bord avec une baguette de verre étirée en pointe.

Il est d'usage, pour faciliter la pose de l'albumine, de fixer la glace sur un manche cylindrique en bois garni de poix molle; au moyen de ce manche tenu verticalement, la glace en bas, et roulé entre les deux mains, on égalise très-bien la couche d'albumine et on réduit sa minceur au degré désiré, suivant la rapidité du mouvement de rotation; mais pour que la glace ne se détache pas, il faut avoir appliqué le bout du manche garni de poix, après avoir ramolli celle-ci par une douce chaleur et laisser refroidir avant de procéder au mouvement de rotation; mais aussitôt le manche fixé, on peut verser l'albumine, le temps que l'on emploie à

l'étaler et à chasser les bulles étant suffisant pour amener le refroidissement de la poix.

Dès que la glace sera couverte d'une couche d'albumine uniforme, il faudra, sans tarder, la placer dans l'appareil sécheur, construit spécialement pour maintenir chaque glace dans une position parfaitement horizontale. Les glaces ainsi posées ne sont pas à l'abri de la poussière inhérente à l'air, mais, en supposant l'air calme, il ne peut tomber à leur surface que des particules microscopiques qui ne provoquent aucun changement visible à la vue simple. M. Ferrier a imaginé, pour sécher rapidement les glaces albuminées, de placer entre deux glaces voisines une planche en bois mince et sec fortement chauffée; en séchant par ce moyen les glaces avec rapidité, on met en œuvre le moyen le plus direct pour limiter le temps pendant lequel les glaces sont exposées à absorber les particules de poussière inséparables de l'air ambiant.

Malgré le peu de fluidité de l'albumine, la surface des glaces doit être établie rigoureusement de niveau; car la moindre pente produirait avec le temps une augmentation d'épaisseur à un bout, et un amincissement correspondant à l'autre bout, c'est pourquoi il faudra préalablement vérifier le niveau des rainures de support, au moyen d'une glace sèche sur laquelle on placera un niveau à bulle d'air. Les boîtes pour cet

usage sont construites à Paris, et se vendent comme accessoire de photographie.

La dessiccation rapide des glaces met obstacle à la cristallisation granuleuse de l'iodure de potassium. On arriverait plus sûrement au même but en employant un iodure moins cristallin, comme le sont les iodures d'ammonium, de calcium, de sodium, de magnesium, etc. L'addition d'une faible quantité de miel ou de sucre augmente la porosité de l'albumine, enraye la cristallisation de l'iodure et met obstacle au fendillement de l'albumine.

Peu après la publication du procédé sur albumine, j'ai employé avec un certain succès la gélatine. Cette substance, après l'avoir ioduré, se verse à chaud et s'étend avec autant de facilité que le collodion. Dès qu'elle est bien figée par refroidissement, on la coagule en la plongeant dans une solution concentrée de tannin, puis on la lave rapidement à plusieurs eaux : je dis rapidement pour ne pas dissoudre l'iodure. Immédiatement on sensibilise la glace au bain d'argent, puis on procède pour le reste comme s'il s'agissait d'albumine. On peut encore sensibiliser la glace gélatinée bien refroidie, et la laver ensuite avant de l'impressionner, si l'on veut opérer au loin, ou l'impressionner immédiatement; mais pour développer l'image, il faut ajouter au gallo-nitrate une solution saturée de tannin, afin de coaguler la gélatine; enfin on peut, sans

difficulté, faire une préparation composée de gélatine, d'iodure d'argent récemment précipité et d'une faible proportion de nitrate d'argent. En coulant chaud sur la glace en couche très-mince, on a une pellicule opaline ressemblant à s'y méprendre au collodion sensibilisé. Les plaques ainsi préparées sont prêtes à servir, et peuvent se conserver quelques jours à l'abri de la lumière. On développe les images avec le gallo-nitrate d'argent accompagné de tannin.

J'ai donné le nom de *photogène* à ce genre de préparation, qui devra un jour être employé avec succès, dès qu'on l'aura amené à un certain degré perfection. Le seul défaut que je lui trouve maintenant consiste dans une surface granulée qu'il prend en lui faisant subir les opérations du développement et du fixage; mais en opérant avec des couches excessivement minces, ce défaut sera grandement atténué. Quant à l'adhérence, elle est *constante* et bien supérieure à celle du collodion, que l'on sait être si variable.

J'ai reconnu le développemnt des images très-lent à se manifester sur le photogène à la gélatine; il est vrai que j'ai opéré à froid, n'osant pas plonger une glace gélatinée dans un réducteur chaud; mais ce fut de ma part une timidité intempestive, et sans doute que la coagulation se ferait d'autant plus riche sans que la gélatine puisse s'amollir et se détacher, et l'image viendrait comme avec l'albumine.

Les glaces albuminées, pouvant subir une pose indéfinie à la chambre obscure, sont éminemment propres à reproduire la nature morte, en employant des diaphragmes d'une très-petite ouverture. On ne peut trop admirer la perfection et la délicatesse des images qu'on obtient, et on est étonné de la régularité avec laquelle elles se développent dans un liquide bourbeux qui ne les atteint jamais. La raison de ce fait dérive du gisement de l'image, qui est tout intérieur; si bien qu'on ne doit pas se préoccuper des dépôts superficiels d'argent réduit qui se forment pendant le développement; on peut les faire disparaître en totalité par un frottement modéré à l'aide d'un pinceau doux, la surface albumineuse coagulée étant comme celle d'un œuf dur qui peut être frotté au pinceau sans se laisser entamer.

Il n'en est pas ainsi avec le collodion; d'abord à cause de sa moindre consistance, et surtout par le départ forcé de son iodure, qui a lieu quand le collodion se fige, tandis que l'albumine est soluble dans l'eau aussi bien que l'iodure, et le départ ne se fait qu'au moment de la coagulation; de là, répartition nécessaire de l'iodure d'argent dans toute l'épaisseur.

Pour développer les images sur albumine, on active l'action par une chaleur modérée du bain; mais d'après M. Ferrier, dont l'autorité est grande dans cette branche de la photographie, il faut verser sur la glace

impressionnée le développeur presque bouillant. Par ce moyen, le négatif se forme très-vite et ne perd rien de sa perfection; et si un premier traitement ne suffit pas, après avoir bien nettoyé au coton le négatif, il lui administre un nouveau bain chaud.

Il n'y a rien de particulier à dire pour les lavages subséquents et le fixage de l'épreuve qui se fait à l'hyposulfite de soude : seulement il faut s'attendre à ce que l'iodure d'argent ne disparaisse pas aussi vite qu'avec le collodion; et par la même raison le dégorgement de l'hyposulfite après le fixage est très-long, et exige que la glace séjourne longtemps dans une eau courante.

Après toutes ces opérations, l'albumine quoique parfaitement adhérente, n'a pas encore acquis toute sa consistance; mais elle finit par devenir aussi dure que de la corne, et peut servir au tirage des épreuves positives sans recevoir aucun vernis. En raison de cette différence, les négatifs sont plus sujets à se tacher au contact du nitrate d'argent que les négatifs vernis, l'albumine formant, comme nous l'avons établi déjà, un composé capable de se colorer à la lumière.

Les positifs par transparence se préparent exactement comme les négatifs ; ils n'en diffèrent que par le mode et la durée de l'impressionnement lumineux; après avoir juxtaposé le négatif sur une glace albuminée sensibilisée, on présente le tout à l'action de la

lumière diffuse, pendant quelques secondes, suivant le lieu et l'intensité de la lumière, puis on finit comme pour un négatif.

Glaces collodionnées.

Le collodion sur glace, après un début peu satisfaisant comparativement aux produits si fins antérieurement fournis par les glaces albuminées, marche aujourd'hui de pair avec l'albumine, et lui est très-souvent supérieur. Mais le procédé est excessivement compliqué : son succès dépend à la fois de la nature de la pyroxiline, de la qualité et des proportions de ses dissolvants, éther et alcool, de la nature et de la proportion de l'iodure et du bromure qui entrent dans sa composition, de l'état du bain d'argent, de l'action de la température et de l'état de sécheresse de l'air sur les glaces sensibilisées, du contact du châssis avec la glace, de la nature du liquide révélateur, de la résistance à l'imbibition de la glace, etc., toutes circonstances se modifiant à l'infini, qui exigeraient à elles seules un livre entier pour être bien décrites.

La pyroxiline, qui forme la base du collodion, est une substance très-variable, tout en la préparant toujours avec la même formule; entre le coton fulminant insoluble dans l'éther alcoolisé, et le coton peu combustible soluble dans l'alcool seul, il existe une multitude de

produits se suivant par degrés insensibles. Dans une simple touffe de coton plongée dans le mélange acide, il se trouve déjà deux pyroxilines différentes en raison de l'acide azotique monohydraté fixé par le coton le premier immergé, il reste un acide plus étendu qui possède moins d'énergie pour transformer la portion qui s'imbibe la dernière; c'est pourquoi déjà, si l'on voulait opérer sur de grandes masses à la fois, cette différence se trouverait très-marquée par l'affaiblissement considérable qu'éprouverait le mélange acide avant qu'il arrivât à pénétrer la dernière portion.

L'important est d'obtenir une pyroxiline facilement soluble, tenant le milieu entre le fulmicoton proprement dit, brûlant avec vivacité sans laisser de résidu appréciable et la xiloïdine.

La pyroxiline se prépare toujours au moyen d'un mélange d'acide nitrique monohydraté et d'acide sulfurique; mais à la rigueur l'acide nitrique monohydraté suffit à lui seul pour produire une bonne pyroxiline; car l'acide sufurique intervient pour s'emparer de l'eau, et quand il est en excès, il se produit du fulmicoton très-peu soluble.

A défaut d'acide nitrique monohydraté, qui ne se trouve pas partout, on emploie l'acide nitrique concentré du commerce, auquel on ajoute une forte proportion d'acide sulfurique concentré ordinaire. Il faut au minimum deux volumes d'acide sulfurique contre un volume

d'acide nitrique : si l'acide est faible, il faut augmenter la proportion d'acide sulfurique. Dans ce dernier cas, on doit essayer le mélange en y trempant une bande de chiffon qui ne doit pas se trouver désagrégée au sortir du mélange. On en fait l'essai en tendant la bande par les bouts, tenus à la main, qui n'ont pas été trempés. On attend que le liquide soit tout à fait refroidi pour y plonger le coton, qu'on y introduit par petites portions en le tassant soigneusement avec une baguette de verre, jusqu'à ce que le vase en soit plein.

Il est toujours préférable de préparer un acide nitrique monohydraté en faisant agir l'acide sulfurique sur le nitrate de potasse (salpêtre) finement pulvérisé, dans la proportion d'un kilogramme d'acide sulfurique pour 700 grammes de salpêtre. Il se produit par là du sulfate de potasse et de l'acide nitrique monohydraté qui se trouve mélangé avec un équivalent d'acide sulfurique. Le tout forme une bouillie claire dans laquelle on plonge le coton comme il a été dit ci-dessus; on pourrait séparer la partie liquide par filtration, et n'employer que celle-ci ; mais il y aurait perte d'acide. Ordinairement on y introduit le coton dès que le mélange s'est refroidi. Dans tous les cas, la réaction s'est opérée dès que le coton se trouve imprégné, et l'on se hâte de jeter la pyroxiline dans un grand baquet plein d'eau, où on l'éparpille avec une baguette de bois. Après ce premier lavage on change d'eau, et le maniement de la

pyroxiline se fait à la main et sous un filet d'eau.

Pour détruire à coup sûr la dernière trace d'acide, il faut finalement faire bouillir la pyroxiline dans une eau légèrement ammoniacale; puis on la sèche au soleil après l'avoir éparpillée sur une feuille de papier buvard, bien entendu quand elle a subi un nouveau lavage à grande eau qui la débarrasse des sels ammoniacaux.

En opérant ainsi soi-même, on sera étonné de la bonté du produit obtenu.

Pour préparer le collodion simple, on forme à l'avance un mélange d'éther et d'alcool dans les proportions de quatre parties d'éther pour une partie *d'alcool rectifié;* l'alcool ne saurait être trop fort, le mélange se fera dans un flacon à large goulot, pour pouvoir y introduire la pyroxiline, à l'état de flocons bien développés, ce qui faciletera grandement son départ. Quand tout le coton aura été introduit, à raison de 2 grammes pour 100 de liquide, on pourra, après l'avoir remué avec une baguette de verre, l'introduire dans un flacon bouché à l'émeri, que l'on agitera pendant quelques instants.

En général, la pyroxiline se dissoudra, presque en totalité, dans l'espace de vingt-quatre heures, et quelquefois en quelques instants et formera un liquide transparent, mais toujours un peu cireux.

Il est bon d'avoir toujours à sa disposition du col-

lodion simple préparé depuis longtemps, qui a eu le temps de déposer tous les corps étrangers et qu'il suffit de décanter pour le sensibiliser.

Pour essayer le collodion simple, on en verse sur une glace; après l'avoir laissé prendre, et avant qu'il ne soit sec, on doit pouvoir l'enlever à l'état de pellicule vitreuse limpide ; si à ce moment la pellicule ne pouvait se détacher sans se rompre et restait mouillée, ce serait l'indice d'un alcool aqueux, et ce collodion serait impropre au service.

Pour sensibiliser le collodion, on dissout à part les sels dans de l'alcool rectifié, en aussi faible quantité que possible, et le liquide filtré au papier est ajouté au collodion simple.

La proportion d'iodure à ajouter au collodion varie avec l'usage que l'on veut en faire et on y joint un ou deux dixièmes de bromure. On n'a encore découvert rien de certain pour autoriser la préférence d'un iodure sur un autre, mais on se sert habituellement des sels de cadmium, en raison de leur grande stabilité et solubilité.

Pour les épreuves positives directes, propres au transport, le collodion est composé de 90 gr. éther, 10 gr. alcool, 1 gr. 5 de pyroxiline, 0 gr. 5 d'iodure de cadmium et 0 gr. 2 de bromure de cadmium.

Pour les négatifs : 75 gr. éther, 25 gr. alcool; 1 gr.

pyroxiline, 15 iodure de cadmium, 0 gr. 1 de bromure de cadmium.

Le collodion sensibilisé ne peut servir avec avantage qu'après un filtrage soigné ; c'est le seul moyen de lui donner de l'homogénéité. Le premier filtrage s'opère au coton, mais le dernier doit avoir lieu au *papier :* c'est le seul moyen d'éviter les grumeaux et les corps en suspension que le coton laisse passer. Si le collodion paraît bien clair après un long repos, il est inutile de le filtrer au coton, car l'emploi de celui-ci n'a pour but que d'arrêter les grumeaux qui pourraient masquer le filtre en papier.

Pour réussir le filtrage au papier, il importe d'employer exclusivement *des filtres ployés en quatre*, que l'on applique soigneusement à la partie supérieure d'un entonnoir très-évasé, de façon à intercepter tout contact de l'air avec l'extérieur du filtre. Les filtres à petits plis ne réussissent pas : par vaporisation, le collodion se fige, et masque peu à peu le filtre. Il faut verser vivement le collodion et couvrir immédiatement l'entonnoir avec une glace, en ayant soin d'ajouter de temps en temps de l'éther alcoolisé pour maintenir le collodion bien fluide.

Par ce moyen, un collodion récemment sensibilisé marche immédiatement ; car le papier l'égalise et ne laisse passer absolument que les parties rigoureusement dissoutes et jamais on n'aperçoit les piqûres qui

résultent du collodion gommeux, non pénétré par l'iodure, et qui flottent toujours dans un collodion non filtré au papier.

Tous les collodions tournent au rouge avec le temps, surtout les collodions aqueux; souvent même ils passent de suite au rouge en les sensibilisant, en raison de l'état acide de l'éther ou de l'alcool; ces collodions sont peu sensibles, mais ils donnent en revanche des épreuves très-pures. On les rend incolores en les laissant digérer avec du cadmium ou du zinc en grenaille. L'iode libre qui produit la couleur rouge forme un iodure incolore qui se dissout.

La teinte ombrée est la couleur des collodions qui marchent bien, ce qui prouve qu'un excès très-faible d'iode est une bonne chose.

Quand la couleur rouge est l'œuvre du temps, elle est toujours accompagnée de la désagrégation de la pyroxiline, et c'est même cette décomposition partielle qui, en mettant en liberté de l'acide nitreux, dégage l'iode de l'iodure en formant un sel azotique. Ce collodion ne peut plus être employé seul; mais ajouté en petite quantité à un collodion nouveau, il lui donne de la porosité. J'ai eu occasion d'essayer un collodion rouge, vieux de dix ans; il était très-lent à fournir des images, mais il présentait une fluidité remarquable et produisait une couche aussi unie que la glace elle-

même; quoique sans consistance au toucher, il adhérait bien à la glace.

Une qualité bien à souhaiter dans le collodion est son adhérence à la glace : celle-ci résulte de sa cohésion naturelle combinée à une juste proportion entre l'éther et l'alcool; l'excès d'éther donne une pellicule consistante, mais en même temps élastique et striée qui prend du retrait et glisse sur la glace : un excès d'alcool, au contraire, diminue la cohésion du collodion, il adhère mieux à la glace, mais les stries fines sont remplacées par des saillies onduleuses, et sa déchirure par le lavage arrive souvent.

En bordant les glaces d'une mince couche d'albumine, après le nettoyage, tous les collodions adhèrent parfaitement, parce que les déchirures commencent toujours sur le bord.

Pour étendre le collodion sur une glace, quand elle a été bordée d'albumine, au lieu d'employer les manches ou supports qui ont tous leur inconvénient, il est préférable de tenir la glace par l'angle supérieur de gauche, en évitant que le collodion ne vienne mouiller le pouce. Dans ce cas, une lacune dans la couche du collodion ne le fait pas détacher à cet endroit, surtout si l'on a eu soin de garnir cet angle d'albumine.

On verse ordinairement le collodion sur la glace avec lenteur pour ne pas former des bulles d'air, et à ce moment la glace est tenue horizontalement : le collo-

dion ainsi versé s'étale en cercle, occupant au plus le tiers de la glace en surface; par une inclinaison légère, la couche s'étend immédiatement jusqu'à l'angle supérieur de droite dont elle est déjà très-près, et par une nouvelle inclinaison en sens inverse elle gagne l'angle supérieur de gauche : aussitôt on incline la glace suivant sa longueur, mais lentement, de manière à faire descendre la nappe sans la diviser et en la faisant dévier un peu vers la gauche. Après lui avoir fait ainsi atteindre l'angle inférieur de gauche, on incline vivement la glace pour déverser le trop plein dans un flacon à large goulot afffecté à cet usage; à ce moment le collodion se couvre sur toute la glace de stries très-fines dirigées suivant la diagonale joignant l'angle supérieur de gauche à l'angle inférieur de droite, d'autant plus qu'à ce moment l'inclinaison est très-forte. Il faut alors être très-attentif et avoir l'œil sur ces stries qui cheminent de moins en moins vite; et, au moment où elles cessent de se mouvoir, on amène subitement les petits côtés de la glace dans une position horizontale, sans changer son inclinaison longitudinale; en un mot, la glace, au lieu d'avoir son angle engagé dans le goulot du flacon, pose son bord sur le goulot du flacon. Quelques secondes passées dans cette position suffisent pour niveler la couche, et alors la glace, débarrassée de sa goutte et du collodion qui peut s'être épanché sur le revers, doit être sans tarder immergée dans le bain d'argent.

Il est indispensable, avant de verser le collodion, d'épousseter la glace avec un pinceau en poil de martre qui est affecté à cet usage, le verre s'électrise par le frottement, si bien qu'il se couvre immédiatement de poussière qu'il attire à distance ; et si l'on regarde une glace, avant d'y passer le pinceau, on la verra toujours couverte d'une infinité de corps étrangers. Telle est la cause principale des saillies que présente une couche de collodion récemment appliquée. On ne peut se défendre des poussières ordinaires en versant le collodion ; mais en procédant à cette opération dans un air calme, et après avoir épousseté la glace, on se met dans les meilleures conditions possibles.

Dans les premiers temps on immergeait les glaces dans le bain d'argent, le collodion en dessous, en faisant poser la glace sur des appuis et lui imprimant un mouvement de charnière comme à la couverture d'un livre que l'on ferme ; depuis on y a substitué deux autres moyens qui sont employés de préférence. L'un s'obtient avec une cuvette à recouvrement qui est relevée sous l'angle de 45°, et, au moment où l'on applique la glace sur son fond, le collodion en dessus, on la replace d'un seul coup horizontalement ; par ce moyen, le bain d'argent, accumulé vers le recouvrement, afflue en nappe continue qui ne laisse aucune bulle : il faut que l'abaissement de la cuvette se fasse d'un seul coup, c'est-à-dire régulièrement, mais sans trop de vivacité : par

exemple, la durée de l'abaissement de la cuvette doit durer au moins une seconde.

Dès que la cuvette est abaissée, on la couvre avec une feuille de carton, laissant la réaction se faire pendant dix minutes au moins; passé ce temps, on soulève par dessous la glace avec un crochet d'argent ou de corne, en amenant à plusieurs reprises différentes sa surface hors du bain, puis on la laisse encore quelques minutes en repos et couverte; dès lors elle est prête à servir, mais elle peut rester un temps indéfini de plus sans inconvénient.

L'autre manière est basée sur l'emploi d'une auge en verre ou en gutta-percha. Après avoir placé la glace enduite de collodion sur un T à rebord, on la plonge aussi d'un seul coup, durant une seconde, dans le bain; au bout de dix minutes, on la retire et on la plonge à plusieurs reprises pour faciliter l'imbibition de sa surface et faire disparaître les stries grasses, puis on la descend de nouveau pour la sortir au moment utile. L'auge est légèrement inclinée en arrière pour maintenir l'adhérence de la glace sur le T. Avec une auge, il n'est pas besoin de filtrer le bain aussi souvent, les corps en suspension tombant naturellement au fond; tandis qu'avec une cuvette à recouvrement, il faut filtrer le bain très-souvent à l'aide d'un entonnoir garni de coton ou d'une éponge et posé sur un flacon à large goulot; car tout corps qui se pose sur le collodion et y

demeure pendant l'impressionnement, étant entraîné par les lavages, forme une tache claire sur l'épreuve; c'est pourquoi, même avant de retirer la glace du bain, quand on se sert d'une cuvette à recouvrement, il est utile de retourner la glace et de la soulever à plusieurs reprises, le collodion en dessous.

Le grand défaut du collodion sensibilisé est de ne pouvoir rester plus de cinq minutes hors du bain sans s'altérer; le bain d'argent, en se concentrant par l'évaporation, devient de plus en plus avide d'iodure d'argent, qu'il prend à la couche sensible. Avec le temps, cette couche se décolore entièrement, et, auparavant, cet effet se produit par place, et là, lors du développement, il se forme des taches d'argent réduit.

On remédie partiellement à cela en couvrant la planchette d'argent battu, après l'avoir enduite d'albumine. Une addition de 5 pour 100 de glycérine au bain d'argent agit de même pour retarder sensiblement la dessiccation du bain d'argent.

Le contact de la glace sensibilisée avec le châssis cause souvent des traînées noires sur les épreuves; il importe que ce contact n'ait lieu qu'aux quatre angles, sur des onglets en verre que l'on nettoie soigneusement pendant que la glace est au bain. La nécessité où l'on se trouve de prendre la glace avec la main pour la poser dans le châssis produit aussi des traînées; cela arrive surtout quand l'opérateur doit achever lui-même

les épreuves; il lui est presque impossible de ne pas conserver à ses doigts des traces des liquides divers qu'il vient d'employer : il faudrait, pour éviter cela, se laver à fond les mains à l'eau acidulée avant de retirer la glace du bain. Ces effets sont très-sensibles sur les petites glaces et disparaissent sur l'étendue des grandes glaces, dont ils ne dépassent pas les bords.

La concentration du bain d'argent, avant d'atteindre l'état de siccité, subit une modification qui cause un voile général en développant avec les sels de fer, et des épreuves rouges avec l'acide pyrogallique; du moins, cette modification du bain d'argent réagit sur l'iodure, et c'est cet iodure qui en conserve la trace; car, en remettant la glace au bain, quand elle se trouve dans ces conditions, les épreuves n'en sont pas modifiées.

Une autre difficulté résulte de la résistance que la surface de la glace présente à une imbibition rapide, qui force le liquide continuateur à se diviser en filets, au lieu de s'étendre en nappe continue : quand le réducteur agit rapidement, comme le fait, par exemple, le sulfate de fer, l'action est inégale et l'épreuve est manquée. L'acide acétique et l'alcool favorisent l'épanchement; c'est pourquoi une addition d'alcool, qui est un liquide inerte, est une condition utile à observer, les réducteurs agissent aux dépens du nitrate d'argent qui humecte la plaque, c'est pourquoi ceux qui réagissent immédiatement ne font paraître aucune image dans

l'endroit où le réducteur afflue d'une façon continue pendant une demi-seconde, puisqu'il en expulse complétement le nitrate d'argent : on remédie en partie à cela en ajoutant au réducteur, immédiatement avant de le verser, une faible quantité de nitrate d'argent exempt d'iodure; mais ce mélange doit s'employer aussitôt fait, pour éviter sa décomposition qui ne doit s'opérer qu'au contact de l'iodure de la couche sensible, décomposition qui est précisément la cause de la formation de l'image.

Les meilleurs réducteurs sont ceux qui n'agissent qu'au bout de 2 ou 3 secondes, quand ils ont eu le temps de se mêler au nitrate d'argent. Cette rapidité est excessivement variable, vu qu'elle dépend de l'état du bain d'argent et du collodion par rapport au réducteur lui-même, et de la modification de l'iodure d'argent sous l'influence du liquide argentifère subissant une évaporation.

Pour l'acide pyrogallique, le bain d'argent doit être neutre, tandis que pour les sels de fer, *sans exception*, il doit être très-faiblement acidulé avec l'acide acétique ou l'acide nitrique, à moins que le réducteur ferreux ne contienne lui-même une forte proportion d'acide et de sel peroxidé qui le rende rouge vif.

Quand les épreuves se présentent voilées, il vaut bien mieux ne pas toucher au bain d'argent et aciduler

davantage une portion de la provision du sel ferreux pour s'en servir pendant la journée.

Les sels de fer ont la propriété de former une image métallique qui peut à la rigueur supporter un lavage au cyanure de potassium très-affaibli, au lieu d'hyposulfite de soude; bien que je ne le conseille pas. Cette image métallique, qui est très-fouillée, arrive rarement à l'intensité nécessaire pour le tirage, mais elle se prête mieux que toute autre au renforcement.

Après le lavage à l'hyposulfite ou au cyanure, suivi d'un rinçage parfait, le chlorure d'or acide au $\frac{1}{500}$, le bi-chlorure de mercure (sublimé corrosif) au $\frac{1}{100}$, renforcent l'épreuve dans l'espace de quelques minutes. La solution de chlorure d'or doit être employée à la température de 50 degrés.

D'après M. Rivot, directeur des essais à l'École des Mines, l'eau saturée de gaz sulfhydrique (hydrogène sulfuré), étant versée sur la glace après le lavage qui a succédé à l'effet du sublimé corrosif, accroît encore beaucoup l'intensité du négatif sans teinter les clairs; ce que l'on ne peut éviter avec les sulfures alcalins. Ces opérations peuvent se répéter indéfiniment jusqu'à satisfaction, quand le positif est déjà par lui-même bien accusé.

Les meilleurs réducteurs de fer sont le ferroso-acétate et ferroso-nitrate, qui peuvent donner immédiatement des épreuves propres à tirer; mais, malgré le

temps considérable que j'ai consacré à leur étude, je n'ai pas encore trouvé le moyen de leur assurer un effet constant.

Pour résister au tirage, on vernit les épreuves comme il a été dit, soit à l'albumine, aussitôt après le dernier lavage, soit au vernis après leur dessiccation.

Quand on veut effacer les épreuves au vernis, on réussit immédiatement à dissoudre toute sorte de vernis, en humectant leur surface avec un tampon en linge trempé dans de la soude ou de la potasse caustique. Au bout de 5 minutes, l'eau enlève le tout absolument comme si on avait affaire à du collodion.

Pour le tirage sur papier, il importe, quand on sensibilise les feuilles, de ployer un coin de la feuille en arrière, pour pouvoir saisir la feuille par ce coin et la fixer en cet endroit à la cheville à ressort élastique sans mouiller celle-ci, ce qui sera une cause de taches de moins. Ces chevilles se clouent à poste fixe sur des tringles en bois espacées régulièrement (tant les tringles que les chevilles) pour économiser la place.

Relativement au tirage des négatifs pour stéréoscope, pris avec une chambre binoculaire, il importe dans tous les cas de les tracer avant le vernissage, soit qu'on coupe les glaces ou non : ce tracé, formé de lignes parallèles aux bords et limitant la grandeur des épreuves, se marquera sur les positifs et servira à les couper pour les monter avec précision ; et si on

doit couper la glace pour intervertir les épreuves avant le tirage, on fera suivre au diamant les lignes du tracé.

Pour les essais des réducteurs à base de fer, qui quelquefois sont longs quand on les fait sur des glaces à la chambre obscure, il est un moyen d'éviter tout cet embarras et qui permet d'arriver promptement au but : c'est celui que j'emploie ordinairement et qui m'a toujours réussi.

On se procure des lames en verre à vitre ou en glace de 5 centimètres de large et 30 centimètres de long ; après avoir nettoyé l'un des bouts, on y verse du collodion, puis on l'immerge dans le bain d'argent en maintenant l'autre extrémité de la lame de verre hors du bain ; faisant tout cela hors de l'accès de toute lumière actinique, en se plaçant à 2 mètres au moins de la flamme d'une bougie. Après avoir tiré la lame du bain et l'avoir laissé égoutter pendant quelques minutes, on versera le réducteur sur une partie de la surface sensibilisée. Il faudra que ce réducteur ne laisse aucun voile apparent sur la surface qu'il a mouillée. Si le voile se formait, il faudrait ajouter au bain de fer un peu du liquide rouge que l'on obtient en faisant agir de l'acide nitrique sur le sulfate de fer *sans eau* dans un ballon que l'on chauffe jusqu'à dissolution complète du sulfate. Ce produit étendu d'eau est rouge, corrige avec énergie le trop grand pouvoir réducteur

des sels de fer, et est même indispensable, en petite quantité, pour faire marcher une préparation quelconque de fer qui n'est pas encore oxydée.

Dès que, par des essais suivis d'additions successives du liquide rouge, le voile cessera de paraître, le bain et le réducteur seront dans les conditions propres à donner les épreuves les plus rapides; et, avant d'en prendre à la chambre, on pourra en obtenir à la flamme d'une bougie, en plaçant sur le revers de la lame de verre sensibilisée un fragment de verre vert, noir, jaune ou rouge, présentant ce fragment à proximité de la flamme pendant 1 ou 2 minutes, puis passant au fer, la silhouette du fragment de verre devra être marquée avec une grande pureté. Si la chose se passait ainsi, tout serait prêt pour opérer avec succès en se servant des préparations essayées ainsi. En cas d'insuccès, on aurait toujours recours à ce mode d'essai qui est très-expéditif et très-sûr.

APPENDICE ET FORMULAIRE

La photographie pratique est basée sur l'impressionnement par la lumière des composés d'argent insolubles avec excès de nitrate d'argent. On a découvert, pour multiplier les images, plusieurs autres procédés auxiliaires qui sont encore à l'étude et pourront peut-être un jour acquérir une grande valeur.

En première ligne, et par rang d'ancienneté, se place le bitume de Judée, dont l'altération par la lumière a été reconnue par Nicéphore Niepce. Il devient insoluble dans ses dissolvants ordinaires, après une insolation prolongée. Il peut se placer sur un support quelconque en couches très-minces; c'est donc un agent commode pour prendre l'empreinte des négatifs. Sur planche d'acier, il se prête à la gravure; sur pierre, il se prête à la lithographie; sur verre, il se prête à la morsure par l'acide fluorhydrique, etc. Il y a sans doute un grand nombre de corps résineux capables de produire le même effet; mais il n'y aurait de l'intérêt à les découvrir qu'autant qu'ils offriraient plus de sensibilité. Quant à présent, le bitume de Judée suffit à tout. Sa transfor-

mation par la lumière a ouvert la voie aux recherches sur l'altération d'autres corps dont la composition n'a aucune analogie avec la sienne.

Ceci s'est réalisé en faisant usage des bi-chromates alcalins associés à la gélatine et à quelques principes gommeux solubles dans l'eau; sous l'action de la lumière, la gélatine, l'albumine ou la gomme deviennent insolubles dans l'eau, et peuvent retenir des substances variées tant pulvérulentes que solubles dans l'eau, qui se prêtent par la suite à une multitude de réactions.

L'azotate d'urane a été reconnu sensible à la lumière par M. Niepce de Saint-Victor; il n'a pu encore développer les images qu'avec le secours des sels d'argent, d'or ou de mercure, ce qui n'offre aucun avantage dans la pratique; mais rien ne dit qu'on ne découvrira pas un moyen d'exalter la sensibilité des sels d'uranium, au point de développer les images avec les réducteurs ordinaires.

A l'origine de la photographie sur papier, on avait constaté la propriété remarquable que possède l'iodure de potassium de ramener les composés d'argent altérés par la lumière à leur état primitif, précisément sous l'influence de la lumière, à nouveau. Ce moyen, employé sans trop de succès pour obtenir des images positives à la chambre obscure, étant appliqué au collodion dans certaines conditions, peut produire des effets utiles que nul autre procédé ne peut donner. Ce pro-

cédé nouveau, indiqué par M. Poitevin, est basé sur l'insolubilité dans l'iodure de potassium, de l'iodure d'argent impressionné par la lumière, celui-ci étant substitué au chlorure d'argent noirci effectivement, qui était dans le principe employé sur papier. Ceci me porte à croire, en passant, que l'hyposulfite de soude en solution très-faible produirait le même effet que l'iodure de potassium. Le premier terme est assuré ; l'hyposulfite de soude ne dissout pas l'iodure d'argent impressionné par la lumière, comme le prouvent les épreuves obtenues sur argent par continuation du verre jaune sans emploi du mercure. D'après cela, il y a une grande probabilité pour que l'hyposulfite agisse comme l'iodure de potassium.

En se servant du mélange de bi-chromate et de gélatine, M. Poitevin a reconnu que non-seulement la gélatine modifiée n'était plus attaquée par l'eau ; mais encore qu'elle avait acquis par sa transformation une grande affinité pour les encres grasses ; propriété qui rend les images aptes au transport sur pierre lithographique. De tout cela, concluons que rien n'est à dédaigner dans la série des faits photographiques qui se succèdent. Un fait qui d'abord paraît sans portée, tôt ou tard est fécondé par le travail de tous, et finit par être appliqué couramment à quelque branche de la photographie.

Emploi du bitume de Judée pour la gravure héliographique et la photo-lithographie.

L'impressionnement du bitume de Judée par la lumière est très-lent et le développement de l'image est une opération très-délicate qui exige des réactifs coûteux; on n'a donc jamais songé à employer cette substance pour l'obtention des épreuves au charbon; sans cela, en se servant du bitume de Judée à l'état de vernis noir, par son incorporation avec du noir de fumée, on y réussirait.

L'emploi du bitume n'a été tenté que pour la préparation des planches à graver et des pierres lithographiques. Le procédé consiste sommairement à dissoudre le bitume dans l'essence de lavande, dans la benzine ou dans l'éther rectifié, et à l'étendre en couche mince sur la feuille de métal ou la pierre lithographique. Quand le bitume est sec, on applique sur sa surface un négatif qui, en un quart d'heure au soleil et une heure à la lumière du ciel, marque son empreinte sur le bitume.

Pour dégager l'image, M. Niepce de Saint-Victor emploie trois parties d'huile de napthe rectifiée mélangées avec une partie de benzine. Quand le dissolvant paraît avoir produit son effet, il verse à la surface une nappe d'eau qui enlève les essences; il rince à l'eau distillée et sèche.

Pour effectuer la gravure, on a employé l'eau-forte alcoolisée, le chlorure de platine, le perchlorure de fer, l'eau iodée, l'eau bromée, etc.

Sur pierre, la solution de bitume se fait avec l'éther, et celui-ci est employé derechef pour enlever le bitume non impressionné.

Après le développement de l'image, la pierre est acidulée, puis encrée comme à l'ordinaire. Mais elle donnerait des noirs pour des noirs, ce qui oblige, pour la photo-lithographie, d'employer un positif par transparence pour obtenir des positifs sur papier.

Ceci n'est que le principal du procédé : dans la gravure comme dans la lithographie, il faut former des grains pour faciliter la morsure des acides. En pratiquant le procédé dans tous ses détails, MM. Niepce de Saint-Victor et Lemaître ont produit des gravures, et M. Lemercier des litho-photographies déjà satisfaisantes qui assurent une longue durée aux images engendrées par la lumière.

Application à la photographie de la gélatine, de l'albumine et de la gomme mêlées au bi-chromate.

M. Talbot [1] a fait le premier l'application de la

---

[1] La découverte de l'altération des substances albumino-gommeuses associées aux bi-chromates, quand ont les soumet à la lumière, a été faite par M. Mongo-Ponton.

gélatine unie au bi-chromate pour graver sur acier, il produit son enduit photogénique, en faisant fondre une partie de belle gélatine dans 10 parties d'eau, et ajoutant 4 parties de bi-chromate de potasse en solution saturée; il verse ce mélange sur la planche d'acier préalablement dégraissée et nettoyée avec le plus grand soin : la planche ainsi préparée se mouille parfaitement, le liquide s'étale en couche mince, et, après avoir fait écouler l'excédant, on établit la feuille de métal dans une position verticale qui procure une dessiccation rapide. Quand la plaque est sèche, la pellicule photogénique est si mince qu'elle montre sur toute sa surface des bandes irisées.

La plaque ainsi enduite, à l'abri du jour, bien entendu, est prête à recevoir l'impression lumineuse, soit à la chambre obscure, soit derrière un négatif. Cette préparation est cinq ou six fois plus sensible que le bitume de Judée ; de sorte que deux ou trois minutes d'exposition au soleil sont presque toujours suffisantes.

Au lieu de faire agir l'eau-forte sur la planche impressionnée, M. Talbot a trouvé plus avantageux de former d'abord un grain en tamisant sur la planche du copal en poudre fine qu'il amène à fusion en chauffant la planche par-dessous.

C'est après la pose du grain qu'il fait, sans autre précaution, agir son mordant, composé du sesqui-chlorure de fer en solution concentrée, auquel il ajoute un

cinquième environ de son poids d'eau. Il étale la solution de fer au pinceau en couche très-mince et la renouvelle dans les parties qui exigent d'être gravées plus profondément. L'attaque du métal se fait d'habitude très-rapidement et la gravure s'effectue dans l'espace de quelques minutes.

Emploi de la gélatine, de l'albumine et de la gomme arabique unie au bi-chromate de potasse, pour obtenir des empreintes photographiques.

La gélatine, l'albumine et la gomme, additionnées de bi-chromate de potasse, résistent à l'action de l'eau après l'insolation; et, ce qui est encore plus remarquable, ces substances non-seulement ne se laissent plus dissoudre par l'eau, mais encore elles paraissent avoir passé à l'état de *corps gras*. Quand la partie non impressionnée s'humecte d'elle-même par son contact avec l'air humide, la partie impressionnée, au contraire, reste *sèche*, et si l'on passe le rouleau sur le tout, l'encre grasse adhère seulement sur les points qui ont subi l'action de la lumière; l'inverse a lieu si l'on condense son haleine sur l'épreuve (surtout si l'on a ajouté un peu de miel au mélange photogénique), la région inaltérée par la lumière s'humecte au point de pouvoir happer une substance quelconque en poudre fine que l'on tamise à sa surface; et si la couche sensible a été posée

sur une plaque céramique, la poudre peut être métallique, propre à donner au feu des couleurs variées, de sorte qu'un peintre sur porcelaine pourrait, sur une plaque impressionnée dont le dessin est très-apparent déjà, poser au pinceau les poudres propres à donner au feu une image en couleur.

Ce mélange photogénique a aussi été employé sur papier pour un but tout autre, c'est-à-dire pour remplacer, dans le tirage des épreuves positives, les sels d'argent par les sels de fer. Pour cela, on ajoute à une solution de gélatine du bi-chromate de potasse et du chlorure de fer, et l'on bat bien le tout ensemble. Le papier, ayant été trempé dans cette préparation et séché, est impressionné dans le châssis derrière un négatif, comme à l'ordinaire. L'image s'y marque en orangé et se développe avec la teinture de noix de galle ou l'acide gallique. La réaction a lieu sur toute la surface, mais l'eau, surtout si elle est tiède, entraîne la gélatine non impressionnée, et l'encre ne marque pas dans ces endroits.

En posant en couche mince sur une pierre lithographique un mélange d'albumine et de bi-chromate, M. Poitevin a remarqué que l'action de la lumière avait pour effet de gonfler l'albumine, au point de présenter un dessin en relief qu'il a pu encrer au rouleau; et, après l'acidulation, qui a réussi nécessairement, en raison de la disposition de la couche non impressionnée

à s'imbiber des liquides aqueux, il a obtenu très-facilement des photo-lithographies qui ont très-bien tiré.

Application de l'iodure de potassium à la production des négatifs.

L'iodure de potassium, en présence de la lumière, produit sur l'iodure d'argent un effet complétement inverse du nitrate d'argent, ou du moins il détruit complétement l'effet produit par celui-ci, ou par la lumière seule, en un temps plus long. La lumière agissant sur l'iodure d'argent, le rend insoluble dans l'hyposulfite de soude et capable de noircir en présence des réducteurs accompagnés de nitrate d'argent : l'iodure d'argent ainsi modifié est ramené à son état primitif, lorsqu'il est soumis de nouveau à l'action de la lumière ; mais cette fois, étant mis en contact avec l'iodure de potassium en faible proportion ; de sorte qu'un support quelconque enduit d'iodure d'argent, après avoir été impressionné à la lumière, conserve cette impression en contact avec l'iodure d'argent hors la lumière, mais la perd en présence de la lumière, condition que réalise l'image de la chambre obscure ou l'apposition d'un négatif. Par conséquent, si l'on sensibilise en pleine lumière une feuille de papier ou une glace au collodion ou à l'albumine, et si, après les avoir parfaitement débarrassés de nitrate d'argent par un lavage prolongé,

on se renferme dans le cabinet obscur pour imprégner le papier ou les glaces d'une solution d'iodure de potassium, à la proportion de 5 à 10 grammes de cet iodure par litre d'eau, les impressions se conserveront ainsi un temps indéfini, mais elles se détruiront partout où la lumière viendra agir, même quand le papier ou les glaces auront été séchés. Ceci fournit les moyens de tirer un négatif par application d'un autre négatif; ce qui peut être utile dans certains cas, par exemple, pour tirer des positifs sur collodion capables de représenter des positifs ordinaires après leur application sur émail ou sur pâte céramique.

Pharmacie.

Pour pratiquer la photographie avec succès, il est indispensable d'avoir sous la main un certain nombre de réactifs, sans lesquels il est impossible de savoir ce que l'on fait. En raison de l'obscurité qui règne encore sur la vraie cause des insuccès qui se déclarent à certains moments, le photographe ne sait à quoi s'en prendre; il faut qu'il mette de côté, à chaque opération, l'un des ingrédients dont il s'est servi, pour savoir lequel est la cause du mal; mais à l'aide d'une collection de réactifs choisis, la tâche est beaucoup simplifiée. Par exemple, la première question qui se présente est de savoir si le bain d'argent est alcalin,

neutre ou acide, ce qui ne peut se reconnaître qu'à l'aide des papiers réactifs ou la teinture de tournesol. Le bain d'argent est-il assez riche en nitrate d'argent ? Cela ne peut se savoir qu'en se servant de la liqueur salée titrée indiquée à l'article *Azotate d'argent* du *Répertoire de chimie et de physique*. Le collodion est trop faiblement ioduré ; ceci oblige d'avoir recours à la provision titrée d'iodure dissous dans l'alcool, qui fait immédiatement disparaître ce défaut. Par le papier de tournesol, et à l'usage, on trouve que le bain d'argent est trop acide, ce qui oblige d'avoir recours à la solution de carbonate de soude ou au flacon d'ammoniaque; il est dangereux pour les conséquences d'atteindre l'état neutre avec l'ammoniaque. Le réducteur ferreux exige évidemment une trop longue pose; on y remédie en y ajoutant un peu de sulfate de fer par une solution concentrée qui fait partie des réactifs.

Il faut donc avoir une pharmacie composée de flacons de différentes grandeurs.

Flacons de 25 grammes.

Teinture de tournesol.
Ammoniaque.
Alcool ioduré.
Alcool bromé.
Eau bromée.
Iodoforme alcoolique.
Acide nitrique.
Acide chlorhydrique.

Flacons de 100 grammes.

Sulfate de fer en solution saturée.
Sulfate de fer rougi par l'acide nitrique en solution concentrée.

Chlorure d'or au $\frac{1}{100}$
Sublimé corrosif $\frac{5}{100}$
Nitrate d'argent $\frac{10}{100}$
Iodure de potassium $\frac{10}{100}$
Eau distillée.
Alcool rectifié.
Éther rectifié.
Solution d'iodure de cadmium dans l'alcool.
Acide acétique cristallisable.
Collodion simple épais.
Albumine filtrée ammoniacale, etc.

à quoi il faut ajouter quelques entonnoirs en verre, un paquet de papier à filtrer rond, un paquet de coton dégraissé à l'alcool, des baguettes de verre, des flacons à large goulot pour porter les entonnoirs, quelques verres à expériences, une paire de ciseaux, du papier gommé pour étiquettes, un crayon tendre pour les écrire.

Il se rencontre en réalité des moments où l'absence d'un de ces réactifs met tout obstacle au travail et force d'avoir recours aux expédients les plus détournés.

FORMULAIRE
Récapitulation de formules diverses.

Albumine iodurée.

Un gramme d'iodure de cadmium par blanc d'œuf, plus un gramme de sucre et un gramme de miel. Filtrer au linge en plusieurs doubles après le battage et le repos.

Pyroxiline.

2 volumes d'acide sulfurique.
1 volume d'acide nitrique concentré.

Autre mélange.

1 kil. acide sulfurique.
700 gr. nitrate de potasse.

Collodion pour positifs et transports.

90   g. éther rectifié.
10   g. alcool rectifié.
1.5 g. pyroxiline.
0.5   iodure de cadmium.
0.2   bromure de cadmium.

Collodion pour négatifs.

75 g. éther.
25 g. alcool.
1 g. pyroxiline.
1.5 iodure de cadmium.
0.1 bromure de cadmium.

Réducteurs à l'acide gallique.

Eau saturée d'acide gallique.
Acéto-nitrate d'argent.
 10 grammes nitrate d'argent.
 2 grammes acide acétique cristallisable.
100 grammes eau distillée.
On ajoutera 10 p. 100 à l'eau saturée d'acide gallique.

Réducteur à l'acide pyrogallique.

1 gramme acide pyrogallique.
200 grammes eau.
15 grammes acide acétique cristallisable,

Bain d'argent formé avec le nitrate fondu.

Réducteur au sulfate de fer.

1 litre d'eau.
50 grammes sulfate de fer commun.
40 grammes acide acétique cristallisable.

Fouetter longtemps dans un flacon, en renouvelant l'air, jusqu'à ce que le liquide rougisse.

Autre formule.

Sulfate de fer fortement desséché au feu avec même proportion d'acide acétique que ci-dessus.

Bain d'argent formé avec le nitrate d'argent cristallisé.

Bain réducteur au ferroso-acétate.

Proto-acétate par double décomposition, deux cents grammes de sels pour un litre, puis addition de cinq gouttes d'acide nitrique par litre et battage jusqu'à l'apparition de la teinte rosée.

Bain d'argent légèrement acidulé par l'acide nitrique; pour le ferroso-nitrate, même procédé.

Bain réducteur au ferroso-lactate.

Lactate de fer, cent grammes pour un litre d'eau acidulée et battue comme les deux précédents.

Bain pour renforcer les épreuves developpées au sulfate de fer.

Chlorure d'or,	2 grammes	S'emploie chaud en versant sur l'épreuve.
Eau,	1000 gr.	

Sublimé corrosif, 10 grammes.
Eau, 1000 grammes.
Se verse sur l'épreuve.

Bain d'argent pour sensibiliser le papier.

Eau, 1000 grammes.
Nitrate d'argent cristallisé, 250 grammes à 100.

Bain de virage.

Chlorure d'or, 1 g.
Eau, 100 g.

rendu alcalin par une légère addition de carbonate de soude.

Bichromate et gélatine.

Gélatine, 1 partie.
Eau, 20 parties.
Plus, 4 parties d'eau saturée de bichromate de potasse.

Éclairage.

L'éclairage est un point important en photographie ; il se compose de deux termes, savoir : l'intensité de la lumière et sa direction. L'intensité varie avec les lieux, les saisons, les heures du jour et l'état de l'atmosphère, pour les vues. Dans les ateliers à portrait,

l'intensité varie par les mêmes causes, mais elle souffre une diminution considérable et plus grande qu'on ne l'imagine par son passage à travers le verre. La lumière réfléchie surtout est presque entièrement dépourvue de pouvoir actinique; c'est pourquoi le côté d'un visage dans l'ombre est toujours moins éclairé sur une photographie qu'il ne paraît sur nature.

Quand on prend des vues, il est bon de les choisir bien éclairées, mais le mieux n'est pas d'avoir absolument le soleil derrière soi, le soleil un peu de côté produit des effets plus harmonieux.

L'éclairage des portraits est bien plus difficile à réaliser, pour arriver à un bon relief avec une physionomie calme. En général, on fait poser en trop grande lumière, ce qui fait grimacer. Il est impossible d'obtenir de bons portraits en plein air sans abri, à moins qu'il ne s'agisse de groupes où la multiplicité des têtes et la composition rachètent le défaut du modelé. En plein air, en effet, sans abri sur la tête ni sur les côtés, on ne voit pas d'ombre, et la photographie en produira encore moins. Dans les ateliers, il faut donc, autant que possible, réaliser l'éclairage tel qu'il se produit à une fenêtre, un peu en recul dans une chambre, avec un fond encore plus reculé, mais lumineux, pour envoyer des reflets.

Il faut éviter surtout de placer l'appareil dans la direction même d'arrivée de la lumière, surtout en pre-

nant presque de face; dans cette condition, le point lumineux se trouve précisément sur le milieu de la cornée (prunelle des yeux), ce qui produit le plus mauvais effet.

Modification du collodion.

Le collodion a été assujetti, depuis quelques années, à un grand nombre de traitements ayant pour objet de rendre son transport plus facile. Toutes ces modifications ont lieu après son lavage au sortir du bain d'argent; déjà ce simple lavage, bien qu'il soit accompagné d'une grande diminution dans la sensibilité, est un moyen excellent pour le transporter au loin. Sous cette forme, il a été peu étudié, excepté par M. l'abbé Despratz, qui a réussi à travailler ainsi avec succès, en se servant d'un collodion auquel il avait ajouté un peu de colophane.

Le procédé Taupenot résulte de l'application d'une couche d'albumine sur le collodion sensibilisé et lavé, mais non séché; dans ce procédé, l'albumine est iodurée, de sorte qu'il est inutile que le lavage du collodion sensibilisé soit poussé très-loin, l'iodure de l'albumine devant fixer complétement le nitrate d'argent resté en excès. L'état humide du collodion est une grande facilité pour poser l'albumine qui, dans ce cas, est mise à sécher, la plaque debout. Le reste du pro-

cédé, sensibilisation, lavage, développement de l'image, etc., se fait comme pour l'albumine ordinaire. Ce procédé est, comme on le voit, très-compliqué; mais il donne de beaux résultats, qui réunissent les qualités du collodion et de l'albumine. On a encore modifié de plusieurs manières cette application de l'albumine, mais sans avantage.

Enfin, est arrivé le procédé à sec au tannin du major Russell, remarquable par sa simplicité, par sa sûreté et la beauté des négatifs qu'il produit. J'en ai donné la description à l'article Collodion.

ALTÉRATION DES ÉPREUVES POSITIVES

L'altération des épreuves photographiques, qui s'est manifestée sur la majeure partie des épreuves dans les premières années, fut un résultat fâcheux qui faillit discréditer les produits de la photographie; l'altération une fois commencée et se continuant avec le temps, on se trouvait n'avoir formé à grande peine que des images éphémères dont la teinte chaude et vigoureuse aboutissait fatalement à un jaune sale.

La pellicule métallique, qui forme les noirs des épreuves photographiques, est d'une minceur et d'une délicatesse extrêmes; son poids ne dépasse pas un dixième de milligramme par décimètre carré, et pendant le virage, c'est une nouvelle pellicule encore beaucoup plus mince et tout à fait superficielle qui vient se superposer à la pellicule primitive, si bien que l'éclat des épreuves encore fraîches est en grande partie un effet d'irisation, que la moindre vapeur active peut détruire sans retour.

Avant l'emploi du chlorure d'or, on opérait le virage au moyen des acides ajoutés à l'hyposulfite, et

l'on a regardé pendant longtemps comme un progrès un certain mélange d'acide acétique avec l'hyposulfite; il y avait formation d'un sulfure d'argent, mais en même temps précipitation de soufre à l'état naissant dans la pâte même du papier; ce soufre, sous l'action réunie de l'humidité et de la lumière, formait de l'hydrogène sulfuré, de l'acide sulfureux et de l'acide sulfurique, qui ne pouvaient manquer d'anéantir graduellement une pellicule métallique délicatement organisée, qui redoute par-dessus tout les composés sulfureux.

Ainsi, pour obtenir des épreuves solides, le premier soin à prendre est d'éviter toute décomposition de l'hyposulfite par les acides, et comme une épreuve qui sort du châssis est nécessairement acide en raison même de sa génération par la lumière qui met des acides en liberté, à moins de la laver à fond avant de la plonger dans l'hyposulfite, il faut toujours maintenir le bain d'hyposulfite à l'état alcalin par une légère addition de carbonate de soude ou d'ammoniaque. Pour cela, le mieux serait d'ajouter au bain d'hyposulfite quelques gouttes de teinture de tournesol, et de maintenir toujours au bain une teinte bleuâtre par l'addition d'un alcali; la teinte caractéristique, telle que je l'entends, ne serait sensible qu'en masse, et ne pourrait en aucune occasion altérer la pureté des images.

La seconde cause d'altération vient des réactifs laissés dans le corps du papier par un lavage insuffi-

sant, l'hyposulfite, par exemple, qui est toujours chargé de sels d'argent.

Pour opérer ce dégorgement, le séjour des épreuves dans une masse d'eau et le changement de cette eau ne suffisent pas pour des quantités, il est indispensable que la masse des épreuves subisse pour ainsi dire une douche d'eau, c'est-à-dire, se trouve pendant un certain temps sur le trajet d'une eau vive fournie par un robinet, ne fût-ce qu'un filet d'eau; l'eau en mouvement dont on change sans cesse la direction par des artifices faciles à imaginer, se renouvelle rapidement dans toute sa masse, elle s'insinue entre les feuilles superposées, et toute substance soluble finit par être entraînée.

En maintenant donc les bains de fixage et de virage toujours à l'état alcalin, et en exécutant le lavage final par un courant d'eau vive variant dans sa direction et suffisamment prolongé, on obtiendra des épreuves d'une fixité parfaite.

TABLE

Table des équivalents utiles à connaître pour la photographie	6
Historique	7
Daguerréotype	16
Chambre obscure	17
Polissage des plaques	19
Iodage	21
Substances accélératrices	22
Préparation du bromure d'iode	23
Mise au point	25
Passage au mercure	25
Usage des verres colorés	27
Lavage à l'hyposulphite	28
Fixation au chlorure d'or	29
Albumine	32
Pose de l'albumine sur les glaces	34
Sensibilisation des glaces	36
Développement des images	37
Fixage des épreuves	39
Généralités pour les épreuves sur papier	40
Généralités sur le collodion	45
Collodion normal	55
Collodion photographique	56
Bain d'argent	58
Nettoyage des glaces	60
Pose du collodion	61

Sensibilisation de la glace	62
Développement de l'image	63
Négatifs sur papier	65
Pose à la chambre obscure	66
Développement de l'image	67
Nouveau procédé pour négatifs sur papier	68
Epreuves sur papier	69
Du papier	71
Positifs sur papier	74
Transport du collodion sur papier, sur toile cirée et pâtes céramiques	78
Virage des épreuves	82
Bain de virage	83
Collodion sec au tannin	84
Stéréoscope	88
Vocabulaire de chimie et physique	91
Acétates	91
Acétate d'argent	92
Acétate de plomb	93
Acides	94
Air	96
Albumine	97
Alcool	97
Aldehyde	98
Amidon	99
Ammoniaque	100
Argent	100
Argenture	102
Azotate d'argent	103
Acide azotique	105
Benzine	105
Bitume de Judée	106
Brome	107
Bromure d'argent	108
Carbone	108
Chlorate d'argent	109
Chlorure d'argent	110
Chlorure d'or	111

Chlorure de platine	112
Chlorure de sodium	112
Chromate de potasse	113
Cyanure de potassium	114
Distillation	115
Eau	117
Ether	118
Fer	119
Proto-nitrate de fer	120
Proto-acétate de fer	121
Filtration	121
Fluor	123
Fluorure d'argent	124
Gélatine	125
Glycérine	126
Gutta-percha	127
Hyposulfite de soude	128
Iode	129
Iodure d'argent	130
Iodure de potassium	131
Lumière	132
Mercure	137
Mesures de capacité	138
Or	139
Oxygène	140
Phosphore	140
Poids et mesures français et étrangers	141
Pyroxiline	142
Soleil	147
Lune	148
Etoiles	149
Soufre	150
Titrage et essai de l'azotate d'argent	150
Vernis pour négatifs	153
Résumé général de la photographie	156
Glaces albuminées	160
Glaces collodionnées	168
Appendice et formulaire	186

Emploi du bitume de Judée pour la gravure héliographique et la photo-lithographie. 189
Application à la photographie de la gélatine, de l'albumine et de la gomme mêlées au bi-chromate. 190
Emploi de la gélatine, de l'albumine et de la gomme unies au bi-chromate de potasse, pour obtenir des empreintes photographiques. 192
Application de l'iodure de potassium à la production des négatifs. 194
Pharmacie 195
Formulaire 198
Eclairage 201
Modification du collodion. 203
Altération des épreuves positives 205

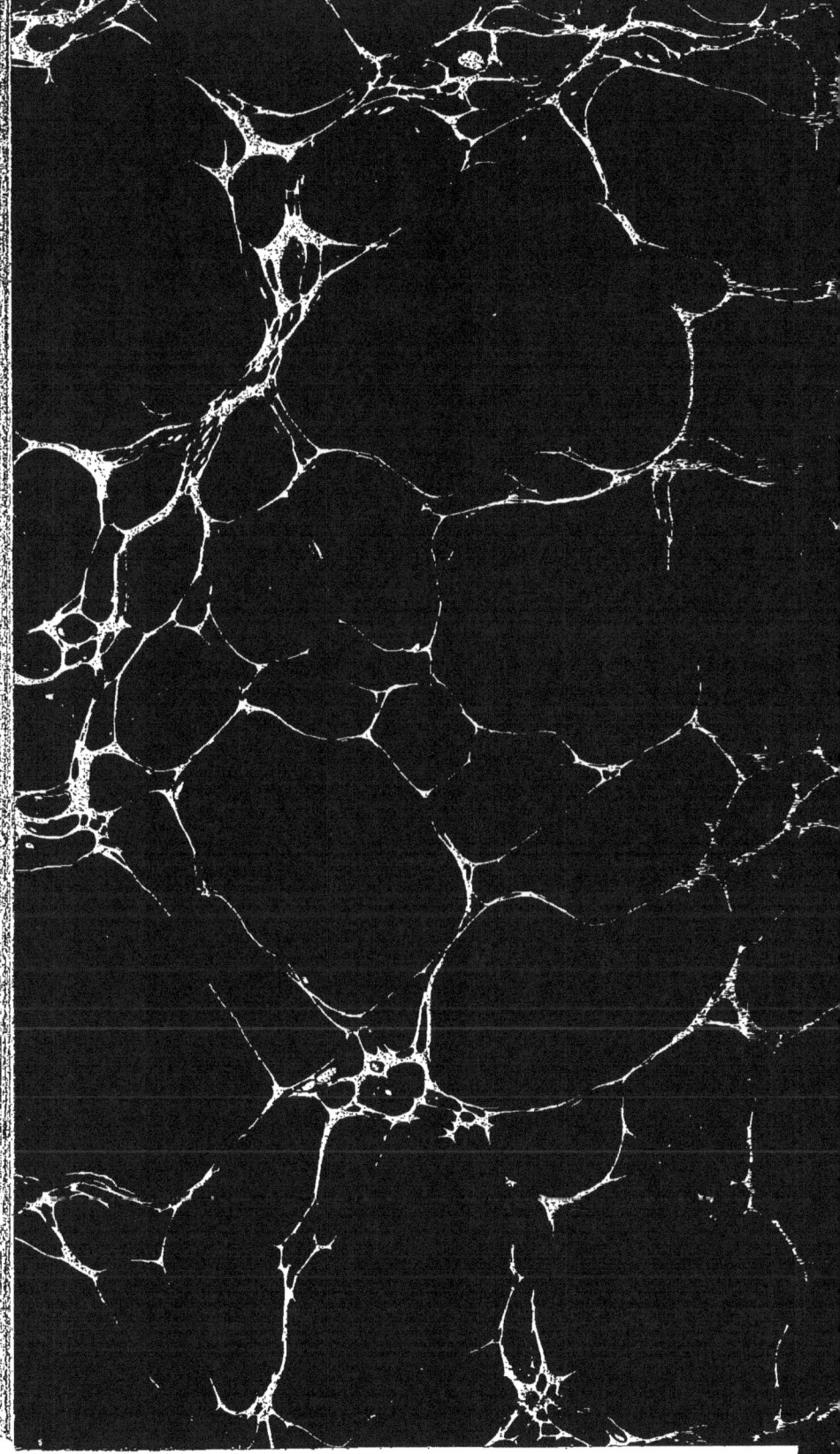

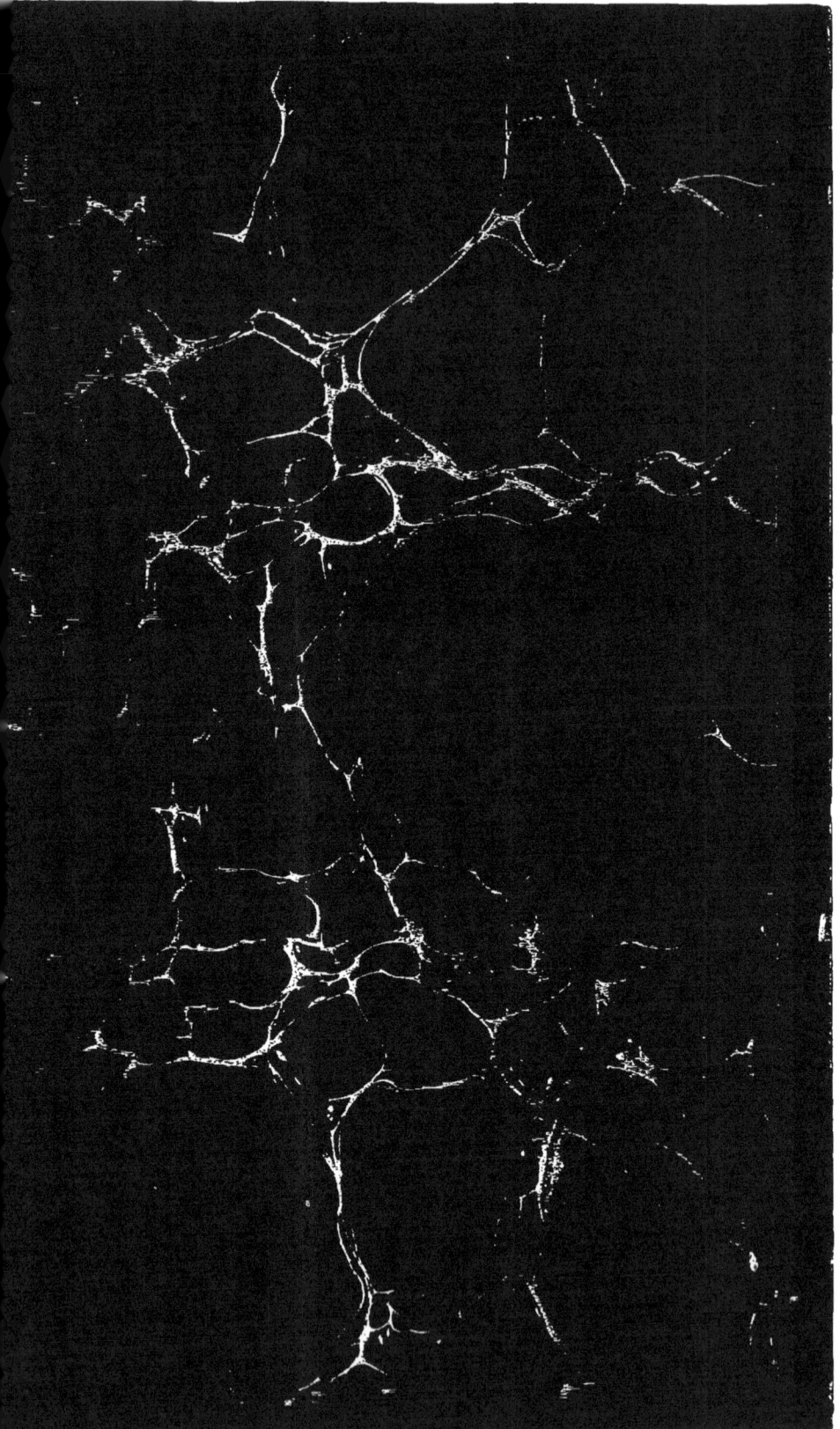

www.ingramcontent.com/pod-product-compliance
Lightning Source LLC
Chambersburg PA
CBHW050206230526
45470CB00001B/262

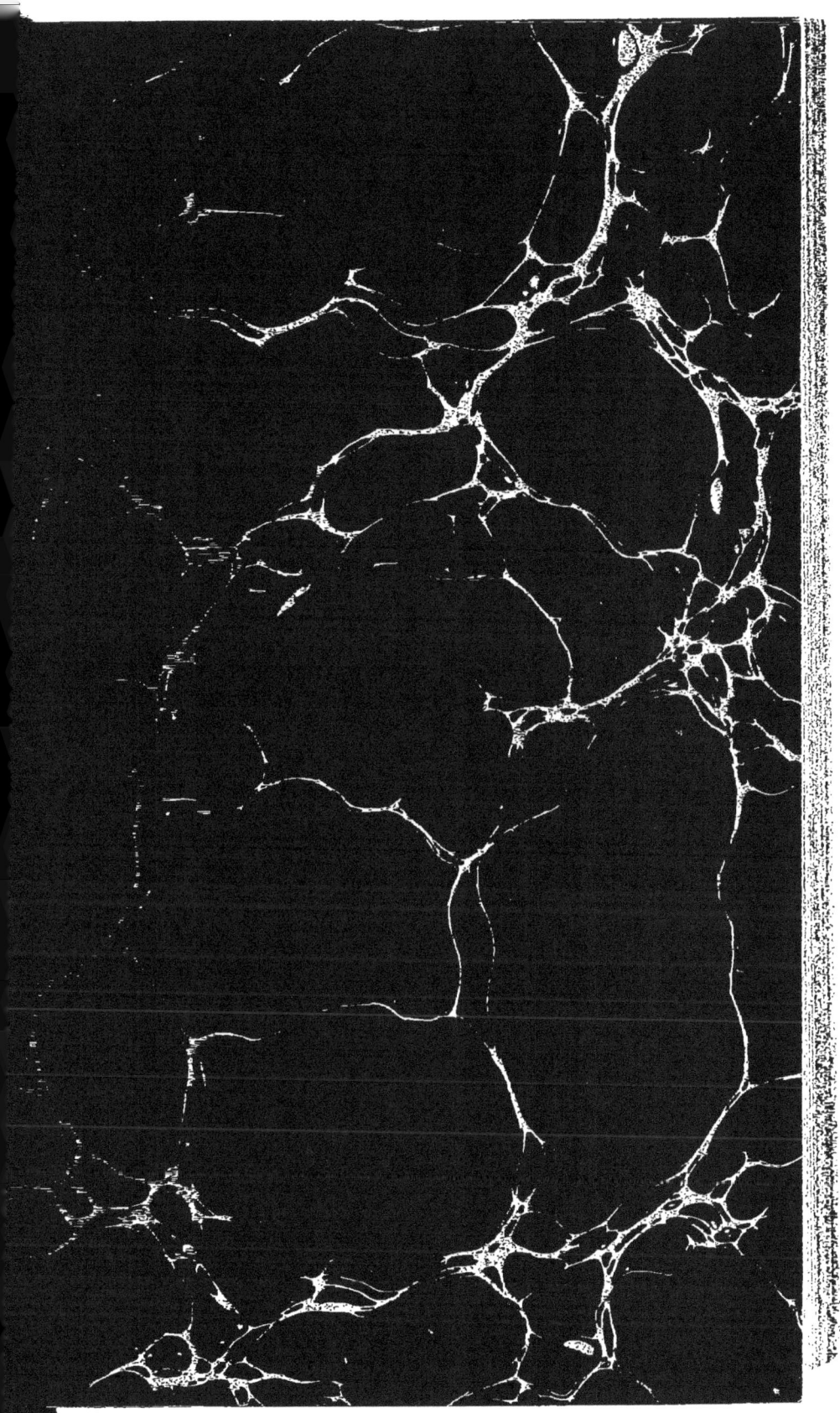

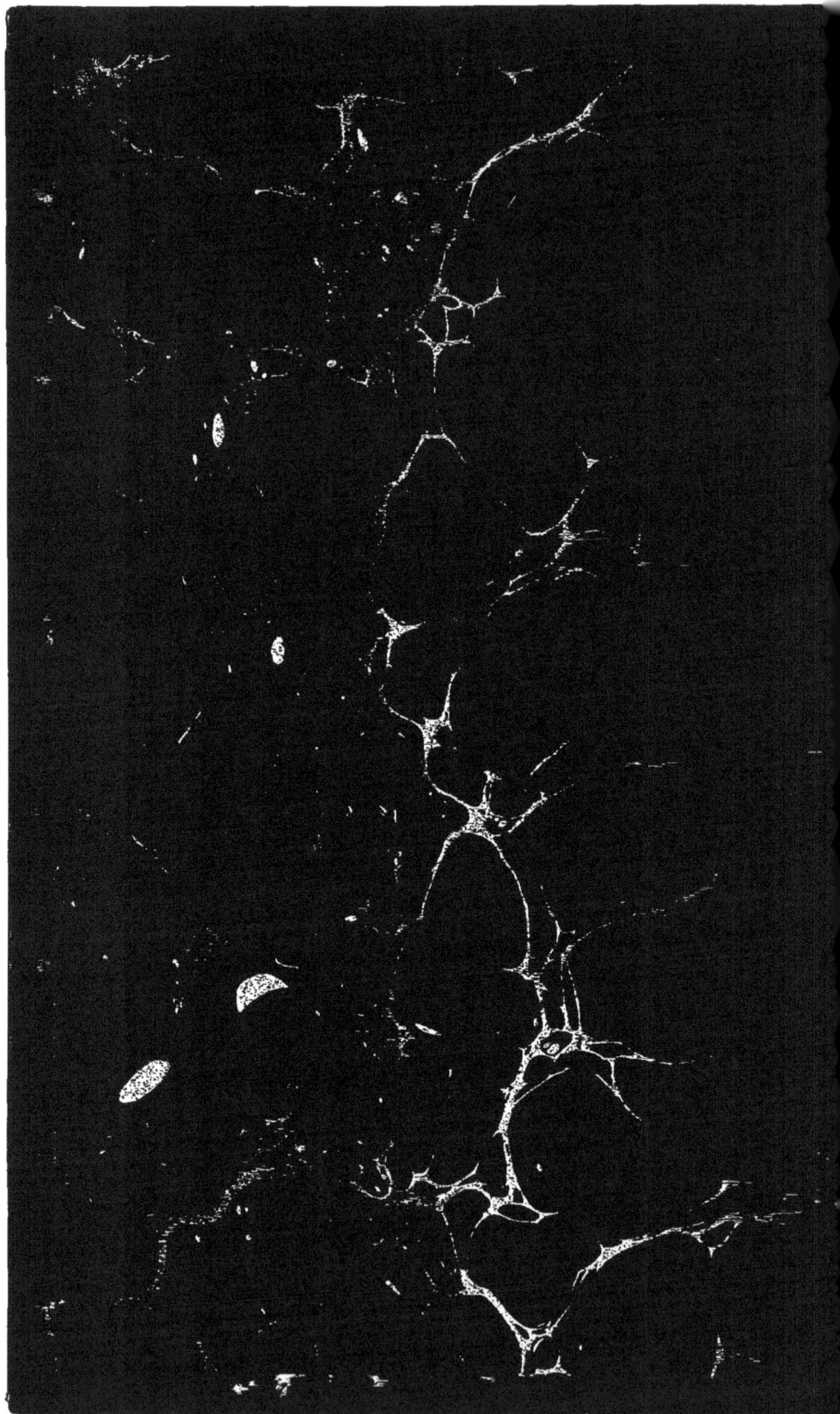